변화의
실행력

셀프헬프
self·help
시리즈❾

"나다움을 찾아가는 힘"

사람들은 흔히, 지금의 내가 어제의 나와 같은 사람이라고 생각한다. 이것만큼 큰 착각이 또 있을까? 사람은 매 순간 달라진다. 1분이 지나면 1분의 변화가, 1시간이 지나면 1시간의 변화가 쌓이는 게 사람이다. 보고 듣고 냄새 맡고 말하고 만지고 느끼면서 사람의 몸과 마음은 수시로 변한다. 그러니까 오늘의 나는 어제의 나와는 전혀 다른 사람이다. 셀프헬프self·help 시리즈를 통해 매 순간 새로워지는 나 자신을 발견하길 바란다.

4차 산업혁명을 나에게 가져오는 퍼실리테이턴트십

변화의 실행력

초판 1쇄 인쇄 | 2018년 8월 10일
초판 1쇄 발행 | 2018년 8월 20일

지은이 | 서명호
발행인 | 김태영
발행처 | 도서출판 씽크스마트
주   소 | 서울특별시 마포구 토정로 222(신수동) 한국출판콘텐츠센터 401호
전   화 | 02-323-5609·070-8836-8837
팩   스 | 02-337-5608

ISBN 978-89-6529-189-3 93320

이 도서의 국립중앙도서관 출판예정도서목록(CIP)은 서지정보유통지원시스템 홈페이지(http://seoji.nl.go.kr)와
국가자료공동목록시스템(http://www.nl.go.kr/kolisnet)에서 이용하실 수 있습니다.(CIP제어번호: CIP2018021453)

씽크스마트 • 더 큰 세상으로 통하는 길
도서출판 사이다 • 사람과 사람을 이어주는 다리

변화의 실행력

4차 산업혁명을 나에게 가져오는 퍼실리테이턴트십

서명호 지음

사이다
사람과 사람을
이어 주는 다리

추천사

빠르게 변화하는 4차 산업혁명의 시대에 단비 같은 내용이다. 혁신팀, 변화관리팀, 전략팀 등 많은 조직이 생겨 이 시대를 맞이하고 있다. 그러나 여전히 소통 채널은 부족하고 협업능력, 공감력도 떨어진다고 아우성이다. 문제를 발생시키는, 문제를 고민하는, 문제를 해결하는, 실행하는 조직이 각각 다르거나 입장 차이가 크기 때문이지 않을까. 스마트폰을 통해 순간순간 세상의 모든 정보를 접하며 자라온 밀레니얼 세대에게 필요한 것은 실행력이다. 누군가 대신해 주는 생각보다, 직접 생각하고, 자신이 실행하는 퍼실리테이턴트가 필요한 세상이다.

SK 하이닉스, 기업문화 Employee Growth담당 **김대영** 상무

새로운 변화의 변곡점에서 기존 방식에 익숙한 권위적 세력들의 각성이 중요한데, 아직 그 기미가 보이지 않아 답답했다. 그때 이 책을 접하며 이미 시작된 새로운 변화의 물결에 필요한 인적 자원부터

변화의 실행력

사회 또는 기업조직의 관리 매커니즘까지 관통한 혜안을 보고 청량감을 느꼈다. 다수의 독자, 특히 이 사회를 이끌어 가는 리더 그룹이 이 책에서 제시하는 "아래로부터의 변화 프레임"을 통해 새로운 물결이 필요로 하는 가치에 대한 영감을 얻고, 혁명적 관점으로 혁신적인 활동을 해 나가는 데 지침을 얻었으면 하는 바람이다.

경영 컨설턴트, 대학교수, 전 네모파트너스 부사장, **이덕기** 교수

이 책에 격하게 공감한다. 나와 우리 회사가 굳게 믿고 달려가는 방향이다. 변화의 시대를 주도하고자 하는 스타트업계 종사자라면 반드시 고민해야 하는 주제를 담았다. 이제 꼰대말고 퍼대(퍼실리테이턴트)가 되자!

O2O 웨이팅서비스 벤처창업자, 나우버스킹 **전상열** 대표

기업을 운영하면서 고민하고 궁금했던 것들이 다 녹아 있는 책이다. 이 책을 창업 전에 접했더라면 시행착오를 줄이고 지금보다 더 우리 회사를 성장시킬 수 있었겠다는 생각이 들게 하는 책이다. 스타트업의 창업자들은 이 책을 통해 경험적 선구자로서 변화에 대한 통찰력과 자질, 유연한 커뮤니케이션의 능력을 갖추게 될 것이다.

로보어드바이저서비스 벤처창업자, SBCN **손상현** 대표

스타트업을 영위하면서 지금까지 주변에서 가장 많이 듣는 말은 '그런 아이디어를 어떻게 실행했느냐'라는 질문이었다. 스타트업의

핵심이 세상의 문제점을 발견하고, 분석하며 해결해나가는 실행력이다. 이 책은 그 실행력의 필수 요소인 퍼실리테이턴트십의 정의와 핵심 역할, 수행 방식을 사례 중심으로 구체적으로 제시하여, 읽는 내내 지난날을 반성하고 앞으로의 전략을 수립하게 해준 고마운 책이다. 스타트업에 종사하는 또는 스타트업을 준비 중인 분들께 강력히 추천해드린다.

인슈테크서비스 벤처창업자, 레드벨벳벤처스 류준우 대표

변화의 실행력

"이 세상에 오바마는 한 명뿐이지만 너무나 많은 사람이 자신을 오바마라고 생각합니다. 이 세상의 모든 사람이 자신의 일을 하고 자신이 흥미 있어 하는 일을 하는 것으로도 이미 훌륭합니다."

– 마윈Jack Ma, 『이것이 마윈의 알리바바다!』 중에서

리더인 듯 리더 아닌
리더 같은 사람들

우리가 질서라고 말하는 모든 것이 재편되는 시대

"우럭회도, 팥빙수도 우리 민족이었어!"
"치킨은 살 안 쪄요, 살은 내가 쪄요"

국내 1위 스타트업 신화를 자랑하는 '배달의민족'의 톡톡 튀는 광고와 바이럴 마케팅 카피이다. 많은 이들의 탄성과 미소를 자아내는 문구이지만 더 중요한 건 이런 창의적인 생각을 만들어내는 사람들이 이 배달의민족 앱을 운영하는 회사, '우아한형제들'에 근무하고 있다는 점이다. 이런 벤처 회사를 만든 우아한형제들의 김봉진 대표는 IT 개발자 출신도, 마케팅 전공자도 아닌 디자이너 출신이다. '배달앱'이 처음 나왔을 때만 해도 대단한 IT 기술을 가지고 엄청난 스

변화의 실행력

타트업을 준비하던 이들은 코웃음을 쳤다. 그러나 지금은 모든 스타트업계에서 우러러보는 성공신화를 만들었다. 많이 알려진 사실이지만 처음 배달의민족을 창업할 때 김봉진 대표는 거리의 쓰레기통을 뒤져가며 배달 전단지를 모았다고 한다. 사무실 책상에서 기술을 연구한 것이 아니라 직접 고객과 파트너들을 만나며, 커뮤니케이션했다. 우리가 그동안 책으로 연구해 왔던 어떤 리더십의 범주에 김 대표를 넣어 설명할 수 있을까? 그럼 알리바바의 마윈, 애플의 스티브 잡스는 어떨까? 다양한 연구서 속에 미화된 언어로 정의된 용어들을 가지고, 수많은 거절과 무시를 견디고 밑바닥에서부터 성장한 그들의 삶의 형태를 '이것이다!'라고 표현할 수 있을까?

퍼실리테이턴트. 이들은 리더이되 자신을 리더로 포장하지 않는다. 스스로 권위를 내세우려 하지 않으며, 아래로부터 세상을 뒤엎고자 하는 사람들이다. 평생 안정적으로 다닐 직장을 꿈꾸지 않고, 어렵더라도 새로운 기회와 가치를 발견해 도전적인 삶을 추구하는 사람들이다. 남이 정해준 대로를 걷지 않고 나만의 오솔길을 고집하지만 그 길을 대로로 만들어가기 위한 솔루션을 끊임없이 제시하는 사람들이다. 그래서 이들은 자기 주변 사람들을 의지하며 더불어 새로운 변화를 만드는 일의 중요성을 아는 사람들이다. 너저분하고 정리되지 않은 행동들처럼 보이지만 그 무질서 안에서 본능적으로 시스템을 구성하는 사람들이다. 우리가 질서라고 말하는 모든 것이 재편되는 시대가 왔다. 단순히 기술의 변화에만 주목해서는, 그 변화의 본질은 잃은 채 어느새 저만치 뒤처져 혼자 표류하는 존재로 머물러 있을 수밖에 없다. 또는 지나간 옛 질서 안에 갇혀 새로운 시대로의 전환을 방해하고 있을지도 모를 일이다.

세월호, 대통령 탄핵, 그리고 #Me_Too가 말하는 것

우리는 세월호 사건을 거치면서 우리 사회가 그동안 뿌리 깊게 인식하지 못하던 '인간 생명에 대한 무감각'을 반성하게 되었다. 소수의 사람이 불의의 사고를 당해도 추모 행렬을 이어가며 해당 장소에 추모탑과 추모 공원을 건립하는 선진국들에 비해, 304명이나 되는 세월호 희생자들을 추모하는 공원의 건립 문제를 두고 '납골당'이라고 비하하며 반대하는 우리 사회의 일부 사람들을 보면, 여전히 우리가 가야 할 길이 멀어 보이는 것이 사실이다. 그러나 대한민국 국민은 스스로, 국민을 기만하던 권력의 정점을 평화로운 집회와 합법적인 절차를 거쳐 끌어내렸다. 그리고 그동안 잘못되었던 것들에 대한 책임을 지고 이를 바로 잡으려 노력하고 있다. 특히, 이 과정에서 불거진 '#MeToo 운동'은 사회적 약자들의 용기 있는 외침으로 우리 사회를 변화시키는 데 일조하고 있다. 이 변화의 소용돌이에서 지금 새로운 시대의 주인이 될 세대의 역할은 무엇일까. 이 시대를 넘겨줘야 할 세대의 책임은 무엇일까. 또 이러한 변화의 시대에 필요한 퍼실리테이턴트는 누구이고 어떠한 역할을 하는 사람들일까.

이 책은 이러한 질문들에 답변하는 데 작은 실마리를 제공하기 위한 저자의 노력이다. 앞선 선배 가운데도 이러한 변화 방향을 끊임없이 당위적 차원에서 호소하는 분들이 있다. 그 사고의 깊이와 노력은

　　　　　　　　　　　　　　변화의 실행력

존중하나, 우리의 혁명은 분명 그 시대의 혁명과는 다르다. 이제는 누군가가 치켜세운 깃발을 따라가는 것이 아니라 저마다 품은 각자의 마음속 깃발을 따른다. 이 책은 이러한 새로운 변화를 새로운 용기에 담아보고자 하는 노력의 산물이다. 거창한 시대적 담론보다는, 현재를 살아가는 우리에게 혁명의 본질적 의미가 어떻게 '적용'될 수 있는지에 초점을 맞췄다. 따라서 공동체적 방향성보다는 개인의 '방법론'을 제시하기 위해 노력하였다. 또 이론적 논의보다 평범한 이들이 자신의 삶에서 어떻게 이것을 '실행'하고 있는지 강조하였다. 퍼실리테이턴트라는 용어를 사용한 것에도 리더나 혁명가 등 기존에 정의된 용어로 새로운 변화를 설명하고 싶지 않았던 저자의 의도가 담겨있다.

이 책은 크게 세 부분으로 구성되었다. Part I에서는 4차 산업혁명의 본질이 개인에게 어떤 의미가 있는지, 퍼실리테이턴트가 어떤 사람인지 설명하였다. Part II에서는 조직변화관리 전문가와 스타트업 액셀러레이터로 활동한 저자의 경험을 들어 퍼실리테이턴트십 프레임을 설명하였다. 추가적으로 퍼실리테이턴트로서의 역할을 하고 있는 국회 보좌관과 예능 PD를 인터뷰하여 다양한 직업군에서 퍼실리테이턴트십 프레임이 활용될 수 있다는 점을 설명하였다. Part III에서는 퍼실리테이턴트십 역량에 대한 설명과 독자들이 자신의 퍼실리테이턴트십 역량을 스스로 체크할 수 있는 진단지, 그리고 4차 산업혁명 시대의 주역이 될 청년세대에게 '아래로부터의 변화'를 끊임없이 시도하고 있는 선배 퍼실리테이턴트로서 부족한 훈수(넛지)를 남겼다.

　책을 풀어나가는 핵심 프레임에 대한 토론을 함께 해 주신 영국 랑카스터 경영대학의 파블 보고류보프(Pavel Bogolyubov) 교수님과 정치사회변동에 관한 거시적 소양을 기르게 해 주신 연세대 정치학과 진영재 교수님께 감사드린다. 바쁜 와중에도 기꺼이 인터뷰에 응해 준 최창수 PD와 이동윤 보좌관에게도 고마움을 전한다. 책을 만드는 과정에서 일러스트를 도와주신 최영은님, 삽화를 도와주신 이유주님, 그리고 '사람과 사람을 이어주는 다리'라는 가치를 지닌 씽크스마트 출판사에 감사의 말씀을 전한다. 무엇보다 어려운 시기임에도 끝까지 응원하고 함께 해 주는 나의 반려자에게 가장 큰 고마움을 전한다.

변화의 실행력

CONTENTS

Part I. 퍼실리테이턴트의 시대

4차 산업혁명이 저랑 무슨 상관이죠?

퍼실리테이턴트, 변화를 도와주는 사람이라구요?

Part II. 퍼실리테이턴트들의 이야기

조직 변화관리 전문가는 어떻게 적용하나요?

스타트업 액셀러레이터는 어떻게 적용하나요?

정치 컨설턴트는 어떻게 적용하나요?

예능PD는 어떻게 적용하나요?

Part III. 당신도 이미, 퍼실리테이턴트

특별한 사람만 퍼실리테이턴트가 될 수 있나요?

퍼실리테이턴트를 고민하는 청년들에게

퍼실리테이턴트의 시대

4차 산업혁명이 저랑 무슨 상관이죠?

퍼실리테이턴트, 변화를 도와주는 사람이라구요?

Part I.

4차 산업혁명이
저랑 무슨
상관이죠?

"지금 우리는 새로운 시대, 즉 혁명의 시대의
출발 선상에 서 있다… 변화 자체가 변했다. 이제
변화는 더 이상 점진적이지 않다. 변화는 더 이상
단선적으로 움직이지 않는다."

- 게리 하멜(Gary Hamel), 『꿀벌과 게릴라』 중에서

왜 산업혁명을
'혁명'이라고 부르나요?

초등학교 6학년 교과서에서 증기기관의 발명이 산업혁명의 시초라 암기한 지식을 기반으로 대학입시를 치른 지 20년이 지났다. 이제는 세계사를 선택과목으로 선정하지 않으면 대학입시에도 등장하지 않을 법한 산업혁명이라는 단어가 어느덧 뉴스를 장식하고 사람들의 입에 오르내리며 '4차 산업혁명'[1]의 시대가 왔다고 세상이 떠들썩하다. 이 용어는 1980년대에 미래학자 앨빈 토플러(Alvin Toffler)[2]가 정보화 사회로의 진입을 '제3의 물결'이라 언급한 이래로, 기술에 의한 또 다른 거대한 사회변혁을 의미하는 용어로 회자되고 있다. 어떤 이들은 4차 산업혁명이라는 용어가 잘못된 정의라고 하고 4차 산업혁명은 실체가 없다고 말하기도 한다. 하지만 4차 산업혁명에 대한 학술적 정의가 어떠하든, 미래사회를 고민하는 많은 이들은 분명 이미 어떤 거대한 변화가 도래하고 있음은 공통적으로 직감한다. 문제는 그들 대다수가 4차 산업혁명을 '기술의 혁신'에서만 주목한다는 점이다. 여기서 다시 한번 산업혁명에 대한 근본적인 질문을 던져보자. 도대체 역사는 산업의 혁신적 변화에 왜 '혁명(revolution)'이라는 정치적 단어를 붙였을까?

우선 혁명의 정의를 살펴보자. 옥스포드 사전은 혁명을 "새로운 체제를 선호하여 정부나 사회질서를 강제적으로 전복시키는 것(a forcible overthrow of a government or social order, in favour of a new system)" [3]이라 정의한다. 더불어 혁명이라는 용어가 붙은 역사적 이벤트를 살펴보면, 영국의 청교도혁명과 명예혁명, 프랑스의 부르주아 혁명, 미국의 독립혁명, 러시아의 프롤레타리아 혁명 등을 찾아볼 수 있다. 이들 혁명의 공통점은 사회 전반에 걸친 정치적 대변혁, 특히 아래로부터의 사회 지배구조 변화를 전제한다는 것이다. 유명한 영국의 역사학자 에릭 홉스봄(Eric Hobsbawm)은 산업혁명을 프랑스혁명과 동일 선상에서 설명하면서 "인간 역사상 최초로 인간의 생산력을 속박하던 자연이라는 굴레를 벗고 자립적으로 성장할 수 있는 존재가 되었음을 의미한다"고 언급하였다. [4] 즉, 산업혁명이라는 용어의 의미는 단순한 과학기술의 발전을 넘어서 정치, 경제, 사회, 문화, 학문 등 전 영역에 걸친 대변혁을 내포하고 있음을 인식의 출발점으로 삼아야 한다.

그렇다면 4차 산업혁명을 바라보는 관점에서도 몇 가지 핵심적 질문이 가능해진다. 첫째, 4차 산업혁명은 기술적인 변화만이 아니라 사회 주류층 및 사회 전반에 대한 변화를 동반하고 있는가? 둘째, 이

변화의 실행력

들라크루아의 민중을 이끄는 자유의 여신
혁명은 아래로부터의 변화,
즉, 사회적 계층구조의 변화를 전제한다.

러한 변화를 동반한다면 어떠한 형태로 변화될 것이며 방향성은 어떠한가? 셋째, 사회 전반의 변화를 감당하기 위한 시스템은 준비되어 있는가? 넷째, 4차 산업혁명의 경제 주체들은 이러한 변화를 어떻게 관리해야 하는가? 이러한 핵심 질문들을 기반으로 하여 단순히 기술적인 발전 차원이 아닌 또 다른 혁명으로서 4차 산업혁명의 거시적 변화 방향성을 예측해 보자.

변화의 실행력

변화 방향 1.
아래로부터의 변화 가속화
(Bottom-up Change)

앞에서 언급한 것처럼 혁명이라는 키워드로 산업혁명을 설명한다면 '아래로부터의 변화'가 기본적으로 전제된다. 이미 역사적 사건을 통해 봐왔듯이 1차 산업혁명은 노동자 계층을 등장시켰고, 이로 인해 부르주아 계층을 견제하는 사회 계층구조를 완성하는 데 기여했다. 그렇다면 4차 산업혁명은 어떤 사회 계층구조의 변화를 가져올까? 인공지능 등 지식을 가진 인간의 노동력을 대체할 수 있는 '가상물리시스템'의 등장은, 장시간 인고의 학습과 연구의 과정을 거쳐 사회 지도층으로 인정받는 전문지식인 계층을 붕괴시키는 결과를 초래하지 않을까?

2017년 구글에서 개발한 인공지능 '알파고'는 중국의 커제 9단과의 대국을 끝으로 바둑계를 은퇴했다. 공식 전적은 68승 1패. 이로써 바둑에서는 2016년 가까스로 알파고에 1승을 거뒀던 이세돌 9단이 인공지능을 이긴 유일한 인간으로 남게 되었다. 이세돌의 바둑 경

1-4차 산업혁명의 특징과 흐름

1차 산업혁명이 증기기관의 발명으로 촉발되었다면 2차 산업혁명은 컨베이어벨트의 발명으로 인한 대량생산 시스템, 3차 산업혁명은 로봇에 의한 자동화 시스템으로 대변될 수 있다. 그렇다면 4차 산업혁명은 무엇으로 대변될 수 있을까?

력은 28년, 커제의 바둑 경력은 14년이다. 이에 반해 알파고가 바둑을 학습한 경력은 고작 2~3년에 불과하다. 말콤 글래드웰(Malcolm Gladwell)은 그의 저서 『아웃라이어(Outliers)』에서 어떤 한 분야의 전문가가 되기 위해 노력해야 하는 시간을 '1만 시간'이라고 언급한 바 있다. 이제는 의사, 변호사, 교수 등 소위 사회의 전문지식인 계층이 10년 이상을 노력해야만 얻을 수 있는 지식을 인공지능이 10분의 1도 안 되는 시간에 학습할 수 있다. 그리고 이러한 지식 서비스를 보다 적은 대가로 일반인에게 제공할 수 있다. 이는 오랫동안 그 지식을 습득하고자 노력해 온 계층들은 그 지식을 적절히 찾아서 잘 활용할 수 있는 사람들로 대체되거나 견제되는 시대가 왔다는 뜻이다.

오랫동안 베버의 관료제(Bureaucracy)는 현대사회의 조직을 구성하는 가장 효율적인 제도로 활용됐다. 관료제는 수직적 계층구조와 분업을 전제로 한다. 이는 특정 분야에서 많은 정보와 경험을 가진 사람이 그렇지 않은 사람보다 합리적인 의사결정을 할 수 있다고 인정하는 시스템이다. 따라서 초기 산업혁명 시대부터 지금까지는 대체로 자기 분야에서 오랫동안 경험과 정보를 축적한 사람이 해당 분야의 리더 지위를 차지해왔고, 그런 시스템이 특별히 문제가 되지 않았다. 그러나 4차 산업혁명 시대에는 지식과 정보가 사람에게 축적되는 것이 아니며, 시간과 비례하여 축적되는 양이 늘어나는 것도 아니므로 해당 분야에서 쌓인 연륜이 크게 이득이 되지 않을 공산이 크다. 특히, 스스로 지속적인 성장을 위해 학습하지 않는 사람이면 조직 내에서 빠르게 도태되는 것은 당연하다. 이제는 해당 시대에 맞는 실력을 빠르게 갖추지 않은 채 과거의 경험만 가지고 자리를 보전하기는 어렵게 되었다. 현재 많은 조직이 직면한 '수평적 조직질서에 대한 요구'는 윗사람의 배려나 조직의 인위적인 노력으로 등장하는 것이 아니라, 불가피하게 변화해야 하는 필수적인 과정이다. 그리고 이 변화로 발생할 혼란을 어떻게 최소화할 것인지가 실질적인 이슈다.

변화 방향 2.
통합적 넛지(Integrated Nudge)[5]
영향력의 증대

'넛지'는 우리식으로 표현하면 소위 '훈수'라고 할 수 있다. 2002년 노벨 경제학상을 수상한 미국의 행동 경제학자 리처드 탈러(Richard H. Thaler)는 '넛지'라는 개념을 활용해 "경제활동에서 인간의 선택이 반드시 합리적 이성에 의해서만 통제되는 것은 아니다"라고 말했다.[6] 탈러와 선스타인은 학생들이 먹는 구내식당의 음식 배치로 음식의 소비량을 변화시킬 수 있다는 실험을 통해 '자유주의적 개입주의(Libertarian Paternalism)'라는 경제학적 개념을 설명하였는데, 바람직한 방향으로 넛지를 활용할 수 있는 '선택설계자(Choice Architect)'가 필요하다는 것이다. 즉, 나쁜 선택설계자라면 특정 음식 제공업자와 결탁해 그 음식의 소비량이 많아지도록 음식을 배치(넛지)하겠지만, 좋은 선택설계자라면 학생들의 건강을 위해 건강한 음식의 소비량이 많아지도록 음식을 배치(넛지)할 수 있다. 이러한 넛지의 활용이 4차 산업혁명이라는 변화의 시대를 맞아 어떤 차원에서 중요하며 어떻게 발현될 수 있을까?

영국의 제임스 와트(James Watt)가 최초의 상업용 증기기관을 내놓은 시점이 1776년이다. 그러나 홉스봄은 "1840년대까지도 산업혁명의 영향이 잘 느껴지지 않았다"[7]고 한다. 즉, 1800년대부터 쏟아지기 시작한 증기기관의 응용상품들-기관차, 방적기 등-로 인한 산업구조의 대변혁이 1840년대 들어서야 피부로 와 닿기 시작했다고 할 수 있다. 4차 산업혁명은 어떨까? 초연결 인터넷, 인공지능, 블록체인, 3D 프린터 등이 4차 산업혁명의 핵심 기술들로 회자되고 있다. 4차 산업혁명 역시 이러한 기술의 발명에만 집중한다면 산업혁명을 이야기하면서 증기기관의 발명만을 언급하는 극히 제한적인 생각의 프레임에 갇히는 게 아닐까?

경제학 개념인 넛지가 4차 산업혁명에서 중요해지는 시점은 여기서부터다. 한 가지 원천기술에 대한 다양한 서비스 적용이나 각 기술 간 연결로 새로운 상품을 개발하는 과정에 넛지가 활용되기 때문이다. 특히 개체들을 통합하는 관점에서의 넛지는 중요성이 더욱 커진다. 쉬운 예를 들어 보자. 음성인식 기술 자체는 음성을 기계언어로 바꾸어 컴퓨터가 인식하게 하는 기술로 정의된다. 그러나 이 기술이 가전 분야에서는 음성인식 가전제품, 보안 분야에서는 입출입 솔루션, 고객서비스 분야에서는 자동 음성인식 ARS 서비스 같은 제품들을 만들어 내는 기반이 된다. 그렇다면 최종 고객의 선택을 촉발하는 데 단순한 '음성인식 기술'의 가치가 더 매혹적일까, 아니면 '말귀를 알아듣는 TV'의 가치가 더 매혹적일까? 당연히 후자의 가치가 고객의 지갑을 열게 할 것이다.

이러한 넛지가 발휘되려면 어떤 준비가 필요할까? 우리 사회는 넛지를 발휘할 통섭형 인재를 육성해야 한다면서 육성의 테두리를 학문적 정규 교육기관으로 한정하는 경향이 있다. 오히려 대부분의 넛지는 사회적 연결을 통한 다양한 경험 공유에서 발생한다. 18세기 산업혁명 시대에 프랑스의 이공계 대학교육은 영국보다 훨씬 발전해 있었지만 산업혁명의 주체가 되지는 못했다. 왜 그랬을까? 기술의 학문적 발전은 기술력 자체의 완성도를 높여 고도의 학문적 성취를 가져왔을지는 몰라도 많은 사람이 그 기술을 활용함으로써 자연스럽게 다양한 가치가 접목되게 하지는 못했기 때문이다. 영국은 일반인의 편의를 위해 우수한 기술들을 실생활에 활용함으로써 기술의 상품적 가치를 높였다. 이처럼 '통합적 넛지'가 발현되려면 인문학을 배운 학생들이 기술을 배우기보다 오히려 실생활에서 경험적으로 기술을 이해하고 자유롭게 다양한 관점의 사람들이 커뮤니케이션할 수 있는 연결의 장을 만들어 주는 것이 더 중요하다.

변화의 실행력

코끼리와 넛지 비유

탈러와 선스타인은 저서의 표지에 엄마 코끼리가
아기 코끼리를 독려하는 그림을 그려 넣었다.
어떤 것을 강제로 리드하지 않지만 부드럽게 개입하여
어떤 행동을 유도한다는 개념을 표현하기 위함이다.

변화 방향 3.
시스템의 시스템화
(Systemization of System)

『사피엔스(Sapiens)』의 저자 유발 하라리(Yuval Noah Harari)는 "돈은 인간이 창조한 것 중 종교나 사회적 성별, 인종, 연령, 성적 지향을 근거로 사람을 차별하지 않는 유일한 신뢰 시스템"[8]이라고 평가한다. 인류 문명사를 돌이켜 보면 가치를 매기는 기준인 화폐체계가 변화할 때 사회구조 역시 커다란 변혁을 겪는다. 블록체인(Block Chain) 기술의 발명을 사회적 가치체계의 관점으로 재조명해야 하는 이유가 여기에 있다. 블록체인은 원래 2008년 나카모토 사토시(Satoshi Nakamoto)가 비트코인(Bitcoin)이라는 가상 전자화폐를 사용할 수 있도록 고안한 'P2P 전자화폐 시스템'이다. 그는 논문에서 전자화폐를 사용하지 못하게 만드는 '비잔틴 장군 문제(Two Generals Paradox)'를 블록체인 기술을 통해 해소한 것으로 유명해졌다. 핵심은 그 논문이 제시하는 솔루션이 '전자화폐라는 시스템을 새롭게 시스템화'했다는 것이다. 윌리엄 무가야(William Mougaryar)는 블록체인을 다음의 세 가지 측

클러키(Clocky) 시계
탈러와 선스타인은 넛지가 활용된 사례로
도망을 다니면서 알람이 울리는 클러키 시계를 언급하였다.
이는 자동인식 센서 기술이 알람시계와 결합해
새로운 가치를 창출한 것이다.
고객들은 자동인식 센서 기술보다
'도망 다니는 알람시계'에 매력을 느낀다.

면에서 정의한다.[9]

기술 : 공개적으로 분산 원장을 유지하는 백엔드 데이터베이스

비즈니스 : 개인 간 가치 자산 이동을 구현한 교환 네트워크

법 : 중개자가 필요 없는 거래 검증 장치

그는 블록체인이 "단순히 새로운 또 하나의 기술이 아니"라고 설명하면서 "블록체인이 야기한 가장 큰 패러다임의 변화는 기존 데이터베이스의 기능과 독점에 대한 도전"이라고 역설했다.[10] 이런 의미에서 블록체인은 4차 산업혁명이 제시하는 '새로운 사회 시스템에 대한 담론의 시작점'이라고 볼 수 있다. 17세기 초에 등장한 최초의 주식회사인 동인도회사의 시스템이 애초에 현재의 자본주의 금융경제 질서를 의도하고 만들어진 것이 아니듯, 비트코인의 블록체인 기술 역시 의도하지는 않았지만 기존 질서에 도전하는 새로운 질서의 사상과 패러다임을 대변하는 시스템이라 볼 수 있다.

블록체인이라는 창을 통해 바라본 새로운 시스템들은 어떤 방향으로 변화할까? 교육 시스템을 예로 들어 설명해 보자. 첫째, 기존 시스템의 디지털화이다. 현재도 진행되고 있으며, 가장 손쉽게 변화할 수 있는 방식이다. 인터넷 강의가 보편화되고, 돈을 들여 학원이나 학교에 가야만 배울 수 있었던 지식을 스마트폰 애플리케이션 하나면 저렴한 비용으로 어디서나 편리하게 습득할 수 있다. 둘째, 낡은 시스템의 붕괴 및 대체이다. 직접 경험을 할 수 없는 교실 시스템은 머지

않아 붕괴될 확률이 높다. VR이나 AR을 활용한 교육이 훨씬 효과적으로 교실시스템을 대체할 수 있다. 또한 선생님에 의한 일방적인 지식 전달은 인공지능 로봇에 의해 쌍방향 지식서비스가 가능한 커뮤니케이션 시스템으로 대체될 것이다. 셋째, 시스템 간의 연동과 통합이다. 한국의 교육시스템이 영국의 교육시스템과 연동될 수 있고, 전 세계의 교육시스템이 하나의 시스템으로 통합될 수도 있다. 한국 학생이 덴마크의 우수한 교육시스템을 한국에서 활용할 수 있으며, 이 과정을 정규과정으로 인정받을 수도 있다. 전자화폐가 전 세계의 단일통화가 될 수도 있는 것처럼 말이다.

4차 산업혁명 시대의 경영,
관리할 수 없는 변화를
관리하라

지난 세기 동안 경영학(Management)은 '관리'의 학문이었다. 돈을 관리하고, 사람을 관리하고, 시간을 관리하고, 성과를 관리하는 등 경영한다는 것은 기본적으로 관리한다는 것과 동일한 의미였다고 해도 과언이 아니다. 경영학의 아버지라 불리는 피터 드러커(Peter Drucker) 교수가 "측정할 수 없다면 그것을 관리할 수 없다"고 공언했듯이 경영의 모든 언어는 숫자로 이루어져 왔다. 즉, 숫자로 측정하면서 관리해야 할 영역들에 대한 통제력을 높이려고 해왔다. 그러나 그것이 20세기 경영의 전부였을까? 오히려 현대 경영학은 수치화할 수 없는 것들이 더 결정적인 영향을 미칠 수 있음을 보여준다. 예를 들어, 아이폰의 등장으로 기존 모바일 시장의 공룡이었던 노키아(Nokia)가 한 순간에 무너져 내린 사건이나 6년 동안 미국 최고의 혁신기업으로 손꼽히던 엔론(Enron)이 리더의 부정한 의사결정으로 순식간에 파산한 사건 등을 보면 오랜 시간 동안 회사의 여러 요소를 측정해서 관리를 잘해왔다는 것이 경영을 잘했다는 것과 동일한 의미는 아닌 듯하다. 조 오웬(Jo Owen)은 "현대 경영은 자체 모순에 짓눌려 죽어가고 있다"고 말하면서 새로운 무질서의 세계에 새로운 경영의 개념이 필요함을 강조하였다.[11] 4차 산업혁명의 이슈는 혁명의 시대에 "내가 이렇게 경험해 봤는데, 새롭게 변화될 모습은 이런 것이다"라고 공언할 수 있는 사람이 없다는 것이다. 더욱이 어떻게, 얼마나 빠르게, 어떤 연결의 수준으로 진행될지 모르는 변화를 수치화해서 관리할 수 있다는 말은 어불성설이다. 따라서 4차 산업혁명 시대의 변화관리는 관리할 수 없는 것을 관리하는 것이 핵심이다. 이러한 형태의 변화관리는 어떻게 진행되어야 할까?

클라우스 슈밥(Klaus Schwab)은 자신의 저서 『제4차 산업혁명(The Fourth Industrial Revolution)』에서 2015년 『세계경제포럼보고서』가 밝힌 2025년까지 발생할 21가지의 티핑포인트를 일일이 언급하면서, 이에 대한 긍정적 효과와 부정적 효과를 예측하고, 예측 불가능한 영역에 대한 가능성과 현재의 동향이 어떠한지 분석하였다.[12]

클라우스 슈밥의 이러한 노력은 두 가지 우려에서 기인한다. 첫째는 4차 산업혁명이 가져올 변화가 단지 기술적인 변화를 넘어서서 "사회 전 영역에 걸쳐 일어나고 있는데 시스템을 이끌어 줄 리더십 수준이나 변화에 대한 이해도가 낮다"는 우려이다.[13] 둘째는 기술은 가치중립적이므로 이를 "긍정적인 방향으로 이끌어 줄 사회적 담론(Narrative)의 형성이 중요한데 그 담론을 이끌어 줄 사람들이 적다"는 우려이다. 즉, 그의 논리에 따르면 급격한 기술 발전에 따라 사회 전영역에 걸친 '혁명'이 일어나는데 이에 대해 올바른 방향성을 제시할 '혁명가들'이 없다는 것이다. 혁명가는 선동가와 본질에서 차이가 있다. 선동가가 커뮤니케이션 전문가라면 혁명가는 시스템 전문가이다. 선동가가 사람들에게 저항의 감정을 불러일으켜 행동하게 만드는 사람이라면, 혁명가는 새롭게 도래할 시대의 청사진과 체계에 대해 명확한 비전을 가지고 사람들의 마음을 움직이는 사람이다. 선동가는 가보지 않은 길을 가본 것처럼 말하는 사람이라면, 혁명가는 자신이 먼저 그 길을 걸으면서 책임 있게 한 걸음 한 걸음을 떼는 사람이다. 더 중요한 것은 혁명은 한 사람의 혁명가에 의해 좌우되지 않는다는 점이다. 역사적으로 유명한 혁명들에도 드러난 혁명가 한 사람보다 함께 했지만 드러나지 않은 혁명가가 더 많다. 특히, 4차 산업혁명에서는 다양한 영역의 융합으로 예측할 수 없는 변화들이 발생하므로 더 많은 혁명가와 혁명가들의 연결이 필요하다.

4차 산업혁명 시대의 '변화 전문가'는 변화를 선동하는 사람이 아니라 변화의 시대에 사회 각 영역에서 이러한 혁명가로서의 역할을 하는, '변화를 관리하는 사람'이다. 단순히 (1) 어떻게 사회가 변화할지 분석하고 (2) 어떤 전략을 활용해 이러한 변화에 대응할지 제시하는 수준을 넘어서서, (3) 예측하기 어려운 변화를 선 경험하고 이러한 변화를 담을 시스템을 제시하며, (4) 변화를 긍정적인 방향으로 유도하도록 사람들과 커뮤니케이션하고 설득하는 과정을 포괄한다. 따라서 4차 산업혁명의 변화는 '무엇을' '어떻게' 할 것인가보다 '누가'

　　　　　　　　　　　　변화의 실행력

2025년 티핑포인트

(단위: %)

인구가 10%가 인터넷에 연결된 의류를 입는다.	91.2
인구가 90%가 (광고료로 운영되는) 무한 용량의 무료 저장소를 보유한다.	91
1조 개의 센서가 인터넷에 연결된다.	89.2
미국 최초의 로봇 약사가 등장한다.	86.5
10%의 인구가 인터넷이 연결된 안경을 쓴다.	85.5
인구의 80%가 인터넷상 디지털 정체성을 갖게 된다.	84.4
3D 프린터로 제작한 자동차가 최초로 생산된다.	84.1
인구조사를 위해 인구 센서스 대신 빅 데이터를 활용하는 최초의 정부가 등장한다.	82.9
상업화된 최초의 (인체) 삽입형 모바일폰이 등장한다.	81.7
소비자 제품 가운데 5%는 3D 프린터로 제작된다.	81.1
인구의 90%가 스마트폰을 사용한다.	80.7
인구의 90%가 언제 어디서나 인터넷 접속이 가능하다.	78.8
미국 도로를 달리는 차들 가운데 10%가 자율주행자동차다.	78.2
3D 프린터로 제작된 간이 최초로 이식된다.	76.4
인공지능이 기업 감사의 30%를 수행한다.	75.4
블록체인을 통해 세금을 징수하는 최초의 정부가 등장한다.	73.1
가정용 기기에 50% 이상의 인터넷 트래픽이 몰리게 된다.	69.9
전 세계적으로 자가용보다 카셰어링을 통한 여행이 더욱 많아진다.	67.2
5만 명 이상이 거주하나 신호등이 하나도 없는 도시가 최초로 등장한다.	63.7
전 세계 GDP의 10%가 블록체인 기술에 저장된다.	57.9
기업의 이사회에 인공지능 기계가 최초로 등장한다.	45.2

(출처: 2015년 『세계경제포럼보고서』, 『클라우스 슈밥의 제4차 산업혁명』에서 재인용-).

'누구와 함께' 할 것인가가 더 중요하다. 이 책에서는 4차 산업혁명 시대에 발맞춰 아래로부터의 변화를 가져오는 전문가들을 '퍼실리테이턴트'라 정의하고 이들의 활동 범위와 방식에 대해 상세히 조망해 보고자 한다.

변화의 실행력

퍼실리테이턴트, 변화를 도와주는 사람이라구요?

"어떤 컨설턴트는 다른 사람들의 문제를 해결해 준다. 나는 결코 그렇게 하지 못하겠다. 나는 다른 사람들이 스스로 자신의 문제를 해결할 수 있도록 돕기를 원한다."

- 찰스 핸디(Charles Handy), 아이리시 경영사상가

문제해결을
도와주는 사람들,
컨설턴트?

'퍼실리테이턴트(Facilitatant)'라는 용어는 조력자 혹은 촉진자를 의미하는 '퍼실리테이터'[14]와 상담자 혹은 자문가를 의미라는 '컨설턴트'를 합성해 저자가 만든 신조어이다. 서론에서 언급한 것처럼 아래로부터의 변화가 효과적으로 이루어지려면 그 변화 과정을 도와주는 누군가가 필요하다. 이 누군가는 문제를 분석하고 해결책을 제시하는 컨설턴트(Consultant)의 능력(콘텐츠 생산능력)도 갖추어야 하며, 고객의 강점을 이끌어내고 이를 통해 고객 스스로 문제를 해결하도록 실행을 돕는 퍼실리테이터(Facilitator)의 능력(플랫폼 운영능력)도 갖추어야한다는 것이 이 책의 핵심이다. 지금부터 4차 산업혁명 변화의 시대에 퍼실리테이턴트가 필요한 근거가 무엇인지, 이들이 기존의 퍼실리테이터나 컨설턴트와 다른 점은 무엇인지 실제 사례를 통해 살펴보고, 이들이 어떤 역할을 해야 하는지 화두를 던져보고자 한다.

"고심은 많이 해주셨는데 현실적으로 이 결과물을 적용하는 데 어려움이 있어요."

"아… 이걸 누가 실행하죠? 실행할 수 있도록 우리 직원들 좀 육성해 주실 수 있나요?"

컨설팅 프로젝트를 수행한 많은 기업의 실질적인 고민이다. 컨설팅을 받는 것까지는 좋은데 도출된 컨설팅 결과물을 적용하여 실행하는 데는 여러 한계가 있다는 것이다. 이렇듯 도출된 결과물을 실행할 내부 역량이 안 되어 수천만 원에서 많게는 수억 원대의 컨설팅 프로젝트 결과물이 실행 단계로 넘어서지 못하고 사장되는 경우가 적지 않다. 반대로 조직의 현실을 모르고 책상에서만 만들어진 컨설팅 결과물을 내서 프로젝트에 실패하는 컨설팅 조직도 많다. 이는 컨설팅 조직에 있는 많은 컨설턴트가 실제 현업 조직에서 일해본 경험이 부족해서 발생하는 문제이기도 하다.

한편으로 컨설턴트들의 억울함도 이해가 간다. 컨설팅 수준에서 기업들이 요구하는 바가 너무 많기 때문이다. 고심해서 문제 현상을 진단하고 그에 따른 해결책을 제시하는 것이 컨설팅의 역할이지 그 해결책을 실행하고 못 하고는 기업의 책임이다. 특히 이 억울함은 외국계 컨설팅 조직이 한국에서 프로젝트를 할 때 극심하게 발생한다. 해외 기업들을 컨설팅할 때는 진단과 해결책만 제시하면 인정받던 프로젝트가 한국에서 진행하면 의사결정자를 설득하는 일이나 일부 실행 단계까지도 포함하는 광범위한 컨설팅 스콥(scope: 프로젝트를 수행

변화의 실행력

하는 범위와 수준)을 소화하지 않으면 인정받지 못하기 때문이다.

2007년에서 2009년 사이에 있었던, LG전자에 대한 맥킨지 컨설팅의 실패 사례[15]는 한국 컨설팅 업계에서 꽤 유명한 일화다. 당시 LG전자는 맥킨지 컨설팅의 조언을 받아 '기술 선도 기업'에서 '마케팅 선도 기업'으로 전환을 시도했다. 실제로 해당 기간 LG전자의 R&D 예산의 비중은 매출 대비 6.6%에서 6.2%로 낮아진 데 반해 마케팅 비중은 27%가 늘었고, 이는 "2009년 전자나 휴대폰 부문의 대형 브랜드 중 유일하게 LG전자만 광고비를 늘린 것"[16]이라는 분석 보고서도 있다. 이후 LG전자는 컨설팅을 진행하는 데 매우 신중한 태도를 취하고 있다는 후문이다. 비슷한 이유로 한국의 많은 대기업이 외부 컨설팅 기관에 컨설팅 맡기기를 꺼리는 경향이 있으며, 차라리 컨설턴트 출신을 직원으로 채용하여 활용하는 사례가 늘고 있다. 특히 삼성은 자신들의 사업전략을 외부 컨설팅 기관에 맡기지 않는 것으로 유명하다.

반면 중소기업은 대기업에 맞춰 터무니없이 높아진 컨설팅 비용 때문에 컨설팅 받기를 주저할 수밖에 없다. 컨설팅의 결과물이 대부분 종이로 된 분석보고서인데, 이들 중소기업은 당면한 실행과제를 해결하기 바쁘며 결과물로 도출된 대안들을 학습해 실행할 인력도 부족하므로 활용할 수 있는지도 불확실한 보고서를 위해 그만한 비용을 지출하기 어렵다. 따라서 중소기업을 위한 컨설팅은 특히, 실행 과정까지 도움을 주는, 또 실행에 대한 책임을 담보하는 프로젝트가 되어야 한다.

그렇다면 컨설팅의 영역은 어디까지가 적당할까? 한 가지 분명한 사실은 앞서 언급했듯이, 컨설턴트는 '분석'에 특화된 전문가이지 '실행'에 특화된 전문가는 아니라는 점이다. 즉, 문제점 분석에 따른 다양한 실행 아이디어를 제시해 줄 수는 있어도, 아이디어를 선택해서 실행할 역량은 고객이 보유해야 한다는 의미다. 다만, 급속한 경제발전과 더불어 우리가 활용하는 경영활동의 여러 의미가 서양에서 들어온 것이므로, 한 번쯤 그 내재적 의미를 정확히 되짚어 봄으로써 새로운 방향의 실마리를 찾을 수 있다.

　　　　　　　　　　　　　　　　　　　　변화의 실행력

문제해결의 균형을
찾는 사람들,
퍼실리테이턴트

옥스포드 사전에서 'Consult'라는 단어의 원뜻을 찾아보면 "의사가 환자에게 처방하는 행위"를 첫 번째 의미로 표기하고 있다. 즉, 이것을 기업에 적용하면 문제(병)가 있는 기업(환자)에 대해 분석(진단)을 하고 대안(처방)을 제시하는 행위까지를 컨설팅이라고 짚어 설명할 수 있다. 조직 컨설팅의 대가 에드가 샤인(Edgar Schein)은 그의 저서 『Process Consultation Revisited』에서 컨설팅의 종류를 3가지 다른 모델로 설명하였다.[17]

1. 전문가 모델 (Expertise Model): 특정한 정보를 고객에게 판매하는 개념

2. 의사-환자 모델 (Doctor-Patient Model): 문제(증상)가 발생하면 고객은 컨설턴트를 찾고, 컨설턴트는 특정한 방법론을 활용하여 이에 대한 진단, 처방, 치료를 시행하는 개념

3. 프로세스 컨설테이션 모델 (Process Consultation Model): 고객이 스스로

진단하고 문제를 해결하도록 프로세스를 알려주고 '해결하는 과정'을 돕는 개념

　샤인은 고객의 필요에 따라 3가지 모델이 적절하게 활용될 수 있다고 하지만, 특히 현대의 컨설팅은 프로세스 컨설팅으로 전환되어야 한다는 부분을 강조한다. 이러한 서구적 개념과 비교하여 살펴보면, 동양적 관점에서의 '의사-환자 모델'은 오히려 '프로세스 컨설테이션 모델'에 가깝다.

　동양의학에서 '치유'의 개념은 '몸이 스스로 치유할 수 있도록 돕는 것'이다. 즉, 몸에 문제가 생기면 그 문제의 원인을 찾아 제거하는 방식의 일차원적인 해결이 아니라, 체질에 따라 또는 그 문제가 발생한 환경에 따라 다르게 몸의 면역력을 높여 치료하는 것이 동양 의학의 치유개념이다. 이것은 비단 한의학이나 중의학에만 국한된 개념은 아니다. 인도 의학에서는 "신체의 기본요소인 도샤(Dosha)의 균형이 깨질 때 병이 난다"[18]고 본다. 동양의학에서 음양의 균형이 깨질 때 병이 난다고 인식하는 것처럼 말이다. 즉, 동서양 철학은 문제의 인식과 해결에 대한 관점부터 기본적으로 차이가 있다. 컨설팅 과정에 적용해 보면, 서양의 관점이 전문가 모델과 의사-환자 모델에서처럼 문제를 진단하고 그 문제를 해결하는 대안 제시까지가 스콥이라면, 동양의 관점에서는 다시는 그 문제가 발생하지 않도록 내부의 체질개선을 돕는 것까지가 스콥이 될 수 있다. 해외 유수의 글로벌 컨설팅 조직들이 한국이나 중국의 기업들을 상대로 실패하는 근본적

변화의 실행력

인 이유는 이런 동서양 관점의 차이에서부터 찾아야 할 것이다.

　결과적으로 샤인이 강조한 프로세스 컨설테이션 모델과 동양의학적 관점의 컨설팅 모델에는 공통점이 있다. 이들 모델에 따르면, 컨설턴트는 기업 스스로 문제를 진단하고 해결책을 찾고 실행하는 프로세스를 함께 수행하여, 기업이 자체적인 체질개선으로 면역력을 강화하고 지속적으로 생산성을 잃지 않도록 돕는 역할을 한다. 이를 위해서는 프로세스 컨설턴트에 대한 기업의 존중도 필요하지만, 컨설턴트가 프로세스 컨설턴트가 되도록 경험을 쌓아 자신의 '실행 역량'을 강화하는 과정이 반드시 전제되어야 한다.

왜 변화의 시기에
퍼실리테이턴트가
필요한가요?

변화관리 분야의 저명한 학자인 존 코터(John P. Kotter) 교수는 100개 이상의 기업을 관찰하면서 변화에 실패하는 기업들의 패턴을 분석해 정리하였다.[19] 그는 이를 통해 도출한 8단계 변화관리 프로세스를 '점차 녹고 있는 빙산을 떠나야 하는 펭귄무리'를 모티프로 한 우화로 설명하였는데,[20] 이 이야기의 핵심은 결국 변화의 프로세스가 성공하려면 변화관리의 전체적인 프로세스를 디자인하고 균형 있게 각 단계를 퍼실리테이팅 할 '변화추진팀(Change Agents)'이 필요하다는 것이다. 많은 조직이 변화관리의 영역을 리더의 고유한 업무로 치부하지만, 현실에서 리더가 변화관리에만 신경 쓸 수도 없고 전 계층과 투명한 커뮤니케이션을 하기에 효과적인 지위도 아니기 때문에 이를 전담하여 조율할 팀이 필요하다. 이러한 역량을 갖춘 변화추진팀은 어떻게 구성할 수 있을까?

HR 분야의 대가 데이브 울리치(Dave Ulrich) 교수는 HR의 다중역

변화의 실행력

할 모델(Multiple Role Model)을 제시하면서, 기업의 HR이 담당하는 기능을 네 가지 역할 모델로 설명하였다.[21] 그는 이 모델을 통해서 변화관리가 '미래/전략적 관점'에서 '사람'에 대한 문제의 영역에 있다고 언급했다. 기존 경영학에서 변화관리를 '전략'과 '프로세스'의 관점으로 접근한 것과 달리 인사의 영역에서 다뤄야 한다고 강

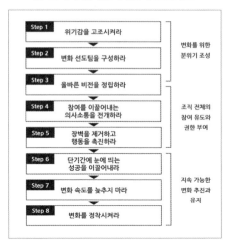

존 코터의 변화관리 8단계 프로세스

Step 1	위기감을 고조시켜라	
Step 2	변화 선도팀을 구성하라	변화를 위한 분위기 조성
Step 3	올바른 비전을 정립하라	
Step 4	참여를 이끌어내는 의사소통을 전개하라	
Step 5	장벽을 제거하고 행동을 촉진하라	조직 전체의 참여 유도와 권한 부여
Step 6	단기간에 눈에 띄는 성공을 이끌어내라	
Step 7	변화 속도를 늦추지 마라	지속 가능한 변화 추진과 유지
Step 8	변화를 정착시켜라	

코터 교수는 각 프로세스를 충분히 충족시키지 못할 때 변화관리가 실패한다고 보았다.

조한 것이다. 코터 교수도 언급했듯이 변화의 실패 요인들은 대부분 사람에게서 기인한다. 특히, 케건과 라헤이는 "직원들이 변하지 않으려 하는 이유는 숨겨진 저항 동기라는 심리적 차원에서 발견할 수 있다"[22]고 말하면서, 조직의 변화관리가 어떤 합리적이고 명확한 이유나 근거 없이 사람의 심리적 동인에 의해 실패할 수 있다는 점을 시사했다. 이처럼 조직 변화의 성패는 조직을 구성하는 사람들의 변화에 달려있다. 그렇다고 기존의 사람들을 새로운 사람들로 대체하는 것으로 조직이 변화했다고 할 수 있을까? 변화관리는 결국 조직에 존재하는 사람들에게서 어떻게 새로운 것을 끌어내느냐 하는 것이 관건이다.

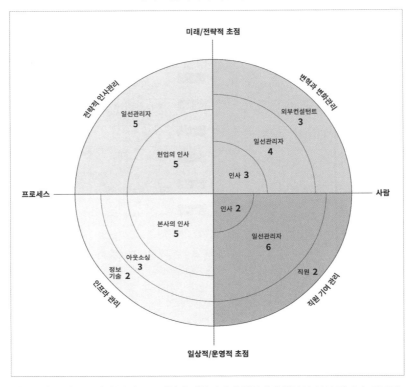

데이브 울리치의 다중역할모델

미래/전략적 초점

변혁과 변화관리

전략적 인사관리

외부컨설턴트
3

일선관리자
5

일선관리자
4

현업의 인사
5

인사 3

프로세스 ——————————————— 사람

인사 2

본사의 인사
5

일선관리자
6

아웃소싱
3

정보
기술
2

직원 2

인프라 관리

직원 기여 관리

일상적/운영적 초점

데이브 울리치는 통계적 분석으로 변혁과 변화관리의 영역에서 인사와 일선 관리자, 외부컨설턴트의 조화가 필요하다는 사실을 확인하였다.

또한 다중역할 모델에서는 오직 변화관리의 영역에서만 외부 컨설턴트의 도움이 필요하다고 보았다. 이 외부 컨설턴트는 단순히 일에 대한 전문성이 있는 컨설턴트가 아니라, '사람에 대한 이해'와 '프로세스에 대한 이해'가 높으면서 '외부적 관점까지 제공'해 줄 수 있는 전문가를 의미한다. 즉, 변화관리가 필요한 조직은 변화를 안정적으로 디자인해주면서, 조직 내부 역량이 그 변화를 지속적으로 추진하는 데 이르도록 일정 수준까지 함께 그 변화를 실행해 줄 누군가의 도움을 받아야 한다. 일회적인 컨설팅 보고서나 다른 조직에서 적용하는 사례를 교육하는 것으로는 조직의 실질적인 변화를 이끌어 낼 수 없다. 그렇다면 일정 기간 변화가 안정화될 때까지 그 '조직의 일원'으로서 '실행자'이면서 '자문가'의 역할을 해줄 사람이 필요하지 않을까? 이것이 퍼실리테이턴트가 필요한 이유와 역할이다.

퍼실리테이턴트는
어떤 역할을
하나요?

"협업이라고 이야기하지만 결국 분업이죠. 그냥 의견 나누고 리더가 업무 배분해서 각자 일하는 거죠."

"A 방식은 B 문제가 발생할 수 있어서 어려워요. C 방식은 D 문제가 있다니까요."

"(조직원) 리더를 설득하기가 어렵습니다." "(리더) 저는 소통하려고 노력하는데 조직원들이 잘 따라주지 않아요."

조직 내에서 협업하는 데 흔히 발생하는 갈등의 모습들이다. 대다수의 조직이 무엇을 해야 하는지 몰라서 문제가 생기는 것이 아니라 어떻게 그것을 진행해야 하는지 몰라 문제가 생긴다. 그리고 그것을 '소통 문제'라고 규정하는 경우가 많다. 물론 소통의 행위나 방식에 대한 변화 노력이 이러한 문제들을 일정 부분 해소해 줄 수 있다. 그러나 소통을 통해 구체적으로 요구하는 내용들이 모두 충족되는 것은 아니며, 해결책이 제시되지 않는 소통은 장기적으로 더 큰 불만족을 가져올 수 있다. 이를 해소해 줄 퍼실리테이턴트의 3가지 역할은 무엇일까?

1. 프로세스 전문가

퍼실리테이턴트는 프로세스 전문가 역할을 해야 한다. 한동안 GE(General Electric)의 워크아웃(Workout) 방식은 효율적인 협업 트렌드로 인식되어 우리나라에서도 많은 기업이 도입해 활용한 적이 있다. 하지만 해당 방식을 제대로 활용한 기업은 드물다. GE가 고심해 만든 워크아웃 프로세스의 원리와 상황을 시스템적으로 이해하고 실행하지 못했기 때문이다. 이를 적절히 활용하더라도 해당 프로세스를 진행하는 과정에서 나타나는 예기치 못한 이슈들을 균형 있게 처리해 줄 유연한 퍼실리테이션 전문가가 없었기 때문이다.

프로세스 전문가는 조직과 프로젝트를 시스템적으로 파악하고 적절한 도구들을 활용할 수 있어야 한다. 그뿐만 아니라 프로젝트를 이성적으로 관리하는 동시에 참여하는 사람들에 대한 감성적 관리까지 해야 한다. 샤인은 '개인의 머릿속에서 발생할 수 있는 인식적 방해 요소(hidden forces)'와 '개인과 개인의 상호작용 속에서 발생할 수 있는 문화적 방해 요소(cultural forces)'를 프로세스 전문가들이 프로젝트 과정 안에서 해소해야 할 과제로 보았다. 이 중 개인의 예를 아래 그림처럼 ORJI 사이클로 정리했는데, "개인이 어떤 한 정보를 받아들일 때 이성적, 감성적 요인들에 따라 해당 정보를 오해하거나 전혀 다른

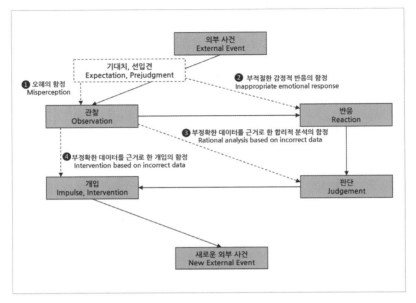

샤인은 ORJI 사이클이 좀 더 현실적인 상황에서는
여러 가지 트랩 사이에서 역동적으로 움직인다고 보았다.

정보로 재생산할 수도 있다"는 것이다. ORJI 사이클을 살펴보면, 네
가지 함정(트랩)이 존재한다. 첫째, 기대나 선입견에 따른 오해가 개인
이 정보를 정확하게 받아들일 수 없게 방해한다. 둘째, 부적절한 감정
적 반응 때문에 적절하게 반응할 수 없도록 방해한다. 셋째, 부정확한
데이터를 가지고 합리적인 분석 아니면 합리적이지 않은 분석을 함
으로써 판단에 영향을 미친다. 넷째, 실제로는 옳지 않은데 바른 판단
을 했다고 믿고 섣부르게 개입한다. 어떤 개인에게 나타나는 이 네 가
지 함정은 프로젝트가 외형적으로 아무리 완벽하게 디자인되었다고

변화의 실행력

하더라도 실행 단계에서 적절하게 통제하기 어려운 요소들이다. 그렇다고 이 요소들을 관리하지 않는다면 프로젝트 자체의 성공을 담보할수 없다는 것이 이 네 가지 함정의 딜레마이다.

반면, 개인과 개인의 상호작용 측면에서는 '서로의 문화적 차이'가 문제가 될 수 있다. 예를 들면, 우리나라에서는 군대식 '상명하복' 문화나 유교식 '예절' 문화가 사람과 사람 사이의 자유로운 커뮤니케이션을 방해할 수 있다. 또 중국의 '꽌시(关系)' 문화는 이성적으로 사업하기를 원하는 서구 비즈니스맨들을 당황스럽게 만드는 문화이다. 어떤 프로젝트를 진행할 때 이런 문화는 프로세스가 효과적으로 이루어지는 것을 방해하는 요소로 작용하기도 한다. 프로세스 전문가는 단순히 어떤 기법이나 방법론에 의존하는 것이 아니라, 개인과 관계의 측면에서 세세한 분석으로 이들 방해요소(트랩)를 제거하고 최소화하여 더욱 효과적이고 정확한 솔루션을 도출하도록 프로세스를 디자인하고 행위자들의 참여를 유도해야 한다.

2. 경험적 선구자

퍼실리테이턴트는 경험적 선구자가 되어야 한다. 컨설팅이 필요한 대부분의 영역은 불확실성의 요소들을 조금이라도 감소시키거나 실행에 대한 효과성을 담보하기 위한 경우가 많다. 앞에서도 언급했지만 여기서 중요하게 드러나는 미스매치는 컨설턴트 역시 현업에서 실행 경험이 많은 사람들은 아니라는 것이다. 반대로 실무 경험이 많은 사람들이라고 반드시 훌륭한 컨설턴트라고 보기도 어렵다. 핵심

콥의 경험학습 이론의 변형된 모델

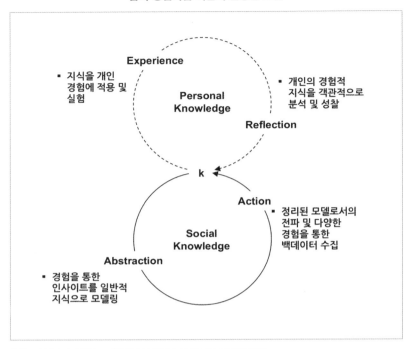

콥은 지식을 습득하는 과정에서 경험의 중요성을 강조하였다.

은 컨설턴트로서 제시하는 이론적 해결책을 과연 스스로 현업에서 실행하려고 얼마나 노력해봤는지, 반대로 현업에서 얻은 경험을 어떻게 자신만의 이론적인 모델로 정립해 왔는지가 중요하다. 또한 실행한 데이터를 기반으로 각기 다른 영역에 있는 고객들에게 어떻게 맞춤형으로 적용(Tailor-made)할지가 중요하다. 특히, 4차 산업혁명 시대의 컨설턴트들은 빠르게 변화하는 불확실한 미래를 살아가면서 새롭게 적용하고자 하는 것들에 대해 어느 정도의 경험적 인사이트를

변화의 실행력

제시할 수 있는지가 큰 과제다. 퍼실리테이턴트의 역할은 다른 이들이 두려워하는 미래적 경험을 선구적으로 실행해 보는 것이다. 퍼실리테이턴트가 퍼실리테이터와 가장 크게 다른 부분도 경험적 선구자 역할에 있다. 퍼실리테이터는 주로 강의나 워크숍 같은 이벤트에서 커뮤니케이션을 원활하게 해주는 역할을 한다. 따라서 강의나 워크숍을 운영한 경험이 풍부한 사람이면 누구나 할 수 있다. 그러나 퍼실리테이턴트는 프로젝트 전체를 운용하고 조율하면서도, 경험하지 않은 솔루션에 대해 의미 있는 인사이트를 던져줄 수 있어야 하므로 본인의 경험적 실행이 담보되어야 한다.

위 그림은 데이비드 콥(David Kolb)의 경험학습 이론을 변형한 모델이다. 경험적 선구자로서 퍼실리테이턴트는 개인의 지식이나 상상에 의한 인사이트를 선 경험하고 이를 객관 지표들을 활용해 검증한 후, 일반 지식으로 모델링하여 공식적으로 전파하는 과정을 반복해 주는 역할을 해야 한다. 이는 아카데믹한 실험이나 장기간에 걸쳐 완벽한 검증 결과를 만들어내는 일과는 성격을 달리한다. 퍼실리테이턴트가 결과물을 도출하는 목적은 어떤 완성된 솔루션을 제공하는 것이 아니라 솔루션을 도출하는 데 필요한 인사이트를 제공하는 것이기 때문이다.

3. 유연한 커뮤니케이터

마지막으로 퍼실리테이턴트는 유연한 커뮤니케이터가 되어야 한다. 앞에서 언급한 ORJI 사이클에서 알 수 있듯이, 이성적 커뮤니케이션만이 아니라 감성적 커뮤니케이션까지 가능해지려면 퍼실리테이턴트가 즉흥적인 상황 변화나 상대의 감정 변화에 민감하게 대응해야 한다. 공감적 커뮤니케이션을 해야 할 때가 있는가 하면, 때로는 자극적 커뮤니케이션이 필요할 때도 있다. 또한 대상 계층에 따라 커뮤니케이션 방식이 달라지기도 하며, 계층 간 커뮤니케이션의 가교 역할을 해야 할 때도 있다. 대부분 커뮤니케이션에 문제가 있는 사람들은 끝까지 자신의 커뮤니케이션 방식을 고집하는 경향이 있다. SERI CEO 조사에 따르면 응답자의 3분의 1이 한국기업의 소통을 가로막는 벽으로 '상명하복식 위계문화'를 꼽았다. 즉, 윗사람은 지시하고 아랫사람은 지시를 듣는 고정된 커뮤니케이션 방식이 소통을 가로막는다는 것이다. 이는 단순히 윗사람이 아랫사람의 말을 '경청'하는 수준을 넘어서 윗사람이든 아랫사람이든 커뮤니케이션 방식 자체를 주어진 상황에 따라 유연하게 변화시켜 진행할 수 있어야 함을 의미한다.

여기서는 많은 커뮤니케이션 교과서와 달인들이 이야기하는 '공감'과 '배려'와 같은 커뮤니케이션에 당연히 필요한 요소들은 논외로 하고, 변화의 시대에 유연한 커뮤니케이터로서 필요한 핵심적인 세 가지를 언급하고자 한다.

1) 질문의 달인이 되어라

어떤 질문을 어떻게 던지느냐에 따라 커뮤니케이션의 목적이 명확해지고 커뮤니케이션의 깊이가 달라질 수 있다. 문제해결이 필요하다면 문제해결의 열쇠가 될 핵심 질문을 찾고 그에 대한 답을 이끌어내기 위해 노력해야 한다. 반대로 분위기를 부드럽게 유도하여 상대방에게서 많은 이야기를 끌어내려면 불편한 질문보다는 상황에 맞는 유도 질문을 던져 주제 중심으로 커뮤니케이션을 리드해야 한다.

저자는 H사의 '팀 간 갈등' 해결을 위한 프로젝트를 진행하면서, 아무리 다양한 팀워크 활동으로 화해시키려고 노력해 봐야 실질적인 문제들은 여전히 해결되지 않는다는 사실을 깨달았다. 오히려 "서로 무엇이 문제라고 생각하십니까?" "업무 차원에서는 무엇이 문제입니까, 감정 차원에서는 무엇이 문제입니까?" "문제를 해결하기 위해 서로 어떤 부분을 해소해야 합니까?" 등의 질문을 던져 문제의 본질을 투명하게 드러내도록 커뮤니케이션을 진행한 후에야 해당 갈등을 해결할 수 있었다. 반면에, 채용업무 초기에 면접관으로서 평가지에 나온 질문을 우리 회사의 지원자에게 쉴 새 없이 퍼부었을 때, 지원자들의 실력과 경험을 제대로 평가할 수 없음을 깨달았다. 지원자 입장에서는 회사를 면접하는 것인데 회사의 얼굴이 되는 면접관들이 지원자를 취조하듯이 면접을 진행하면 회사의 이미지가 손상될 수 있다는 사실도 알았다. 오히려 "오시는 데 불편함은 없으셨나요?" "우리 회사에 대해 어떻게 생각하시나요?" 등 분위기를 부드럽게 할 만한 질문들을 잘 활용하는 것이 편안한 상태에서 지원자의 숨은 실력을 끌어내는 데 중요한 역할을 했다.

질문의 구조화는 어떤 프로젝트를 시작할 때 함께 일하는 사람들에게 프로젝트의 방향성 및 해결할 이슈를 명확히 하는 데도 유용하다. 예를 들어, 'Y사의 전략체계 수립'이라는 광범위한 프로젝트에 투입되었다면, 무작정 전략을 세우기 위해 달려들기보다 '전략체계 수립을 위해 검토해야 할 질문은?'이라는 핵심 질문을 던지고, 논리적으로 MECE(전체적으로 빠짐이 없고, 각 질문들 간 중복이 없는)하게 영역을 설정하여 질문을 나누어 가는 것이 효과적이다. 1차적으로, '고객 또는 시장은 어떠한가?' '우리의 역량은 어떠한가?' '경쟁자는 어떠한가?'의 질문(3C 분석)으로 나눌 수 있다. 이를 다시 2차적으로, 고객은 '국내고객은 어떠한가?' '해외고객은 어떠한가?'의 질문으로 나누고, 우리의 역량은 '전략은 어떠한가?' '시스템 및 구조는 어떠한가?' '조직문화는 어떠한가?' '기술력은 어떠한가?' '인적자원은 어떠한가?'의 질문(맥킨지 7S)으로, 경쟁자는 '기존경쟁자는 어떠한가?' '신규진입자는 어떠한가?' '대체제는 어떠한가?' '공급자의 교섭력은 어떠한가?' '구매자의 교섭력은 어떠한가?'의 질문(마이클포터 5Forces)으로 나눌 수 있다. 이렇게 질문을 구조화하여 문제를 나누다 보면 프로젝트에서 해결해야 할 과제들이 좀 더 명확해진다.

2) 의외성을 즐기고 여유를 가져라

친숙한 사람과 익숙한 상황에서 하는 커뮤니케이션이 아니라면 '의외성'은 늘 존재하기 마련이다. 특히 워크숍을 리드하거나 난제를 해결해야 하는 과정에서 이루어지는 커뮤니케이션은 내가 원하는 대로 통제하기 어렵다. 커뮤니케이션 상대자가 나에게 호의적이지 않을 수도 있고, 내가 이끌어가는 커뮤니케이션에 전혀 관심이 없는 경우도 많다. 대다수 콘텐츠 전달만을 본업으로 하는 강사들은 이러한 의외의 상황에 당혹스러워하며 강의나 커뮤니케이션을 망치기도 한다.

특히 변화관리 컨설팅이나 혁신을 주제로 강의할 때면 이런 문제에 빈번하게 부딪힌다. 혁신이라는 용어 자체가 위에서 아래로의 변화를 강요하는 의미로 많이 쓰였기 때문이며, 근본적으로 사람은 어떤 안정적인 상황에서 불안정한 상황으로 내몰리는 경우에 방어적으로 반응하기 때문이다. 기존의 강의 원칙대로라면 이런 부정적인 반응들은 원천적으로 봉쇄해 다른 청중에게 부정적인 인식이 전파되지 않도록 해야 한다. 그러나 퍼실리테이턴트는 이런 부정적인 질문이나 반발을 하는 사람들에게 발언권을 부여하고 자연스럽게 커뮤니케이션을 이어가야 한다.

"왜 나한테는 마이크 안 주요!!"

광화문 광장에서 박근혜 전 대통령 탄핵 집회 당시 김제동 씨가 사회를 볼 때였다. 집회 참여자들의 공개 발언이 한창 진행 중인데 한 아주머니가 갑자기 큰 소리를 치며 김제동 씨 앞으로 뛰쳐나갔다. 당황한 운영진이 아주머니를 붙잡고 난동을 제지하려고 했다. 잠깐 당황한 김제동 씨는 특유의 웃음을 지으며 아주머니에게 다가가 어깨를 두드리면서 마이크를 드렸다. 운영자들이 제지하려 할 때는 강하게 뿌리치려 한 아주머니는 김제동 씨의 부드러운 커뮤니케이션 방식에 착한 아이처럼 현장의 질서를 따랐고 집회는 자연스럽게 이어졌다. 아주머니는 공개 발언을 하는 사람들이 워낙 말을 잘 해서 이미 섭외된 사람들인 줄 알았다고 한다. 자신에게 발언권이 주어져 본인이 하고 싶은 말을 하고 난 이후에 그런 오해는 해소되었다. 만약 그때 아주머니의 발언이 통제되었다면 어땠을까? 사람들은 그 아주머니를 이상한 사람이었다고 치부하고 말겠지만 집회는 무언가 찜찜함을 남겨두고 이어졌을 것이다. 영국에서 공부하면서 강의실 문화가 우리와 가장 다르다고 느낀 점은 영국 학생들이 어떤 시시콜콜한 질문도 자유롭게 던지고 교수가 그런 질문에 성심성의껏 대응을 해준다는 것이었다. "저런 질문은 수업 끝나고 개인적으로 해도 되지 않아?"라고 생각하는 이들은 학교 교육에서 교사의 강의 시간을 방해하지 않도록 교육받아온 나를 비롯한 동양인들뿐이었다. 교육자 중심에서 학습자 중심으로 변화하는 4차 산업혁명 시대의 교육 패러다임에서 퍼실리테이턴트의 경쟁력은 이러한 의외의 커뮤니케이션에 얼마나 여유 있게 대응하는지에 따라 판가름 난다.

3) 서로 다른 이야기들을 의미 있게 연결하라

과거에 뛰어난 이야기꾼들은 모험가였다. 보통 사람들이 경험하지 못한 일들을 경험하고 돌아와서 이야기보따리를 풀어 놓으면 사람들은 그 이야기의 주인공이 자신인 것처럼 상상하며 몰입한다. 이때 전달되는 이야기에서는 청중의 흥미를 이끌어낼 수 있는 경험적 소재 자체도 중요하지만, 그것을 어떻게 청중이 알아듣는 언어로 전달하는지도 중요하다. 특히, 예시나 비유를 활용하는 것이 대표적인 방법인데, 특정한 예시나 비유를 많이 안다고 이런 비유법에 능숙한 것은 아니다. 오히려 직접 겪은 사소한 일상의 사건이라도 '직관(Intuition)'을 활용해 의미를 부여한다면 매우 훌륭한 소재가 된다. 예를 들어, 뉴턴이 사과가 떨어지는 모습을 보고 '만유인력의 법칙'을 발견한 것처럼, 커피 한 잔이 테이블 위에서 식어간다는 일상적인 상황을 활용해 열역학 제2 법칙을 설명할 수 있으며, 이러한 과학적 법칙으로 조직 내에서 변화의 자극이 필요한 이유를 설명하는 데 활용할 수도 있다. 우리에게 잘 알려진 비유의 최고 달인은 예수다. 예수는 천국이라는 공간을 설명하기 위해 사람들이 이해하기 쉬운 소재를 사용한다. 오늘날의 말로 설명하면 이렇다. "모두가 값어치 없다고 생각하는 땅에 유전이 묻혀있다는 사실을 나만 알고 있다. 수천 억대의 가치가 내장된 땅인데 현재 몇억의 지불 가치가 아깝다고 그 땅 사기를 주저할까? 또 어느 유럽 시골 골동품 가게에서 우연히 반 고흐의 원작 그림을 팔고 있다. 명화를 감별하여 판매하는 당신이 몇천만원이라는 값어치와 들고 가야 하는 불편함 때문에 그 그림 사기를 주저할까?"라고 묻는다. 즉, 청중에게 천국의 가치를 이해하기 쉽게 설명하면서도 천국에 가고 싶은 마음을 유도한다. 이렇듯 유능한 커뮤니케이터는 주변의 사소한 것들에도 의미를 부여하면서 청중의 행동을 촉구할 수 있다.

교육에 게이미피케이션(Gamification)을 활용하는 것도 이와 유사하다. 재미없는 정보 전달식 교육을 어떤 오브제를 활용하여 재미있는 정보 체험 교육으로 바꾸어 효과를 증대시키고자 하는 것이다. 그러나 이러한 게임 요소들에 제대로 의미를 부여하지 못하면 재미만 남고 교육 효과는 오히려 반감될 수 있다. 또한 게임을 수행하는 사람들이 저마다 게임을 하는 방식이 다르고 도출할 수 있는 결과가 다르기 때문에 이미 정해진 의미를 결과에 끼워 맞추면 효과가 떨어지며, 직접 해당 게임을 시행하는 과정에 의미를 부여해 설명하는 것이 더욱 효과적이다. 예를 들어, 저자는 종종 조직 내 커뮤니케이션 구조의 중요성을 설명하기 위해 어떤 완성된 그림을 한 사람만 보고 그것을 말로만 전달하여 마지막 사람이 완성하도록 하는 게임을 진행한다. 이는 수직적인 조직구조가 어떻게 정보 전달을 방해하는지를 보여주는 게임으로, 첫 번째 사람이 중간에 있는 사람들을 거치면서 왜곡될 수 있는 정보를 마지막에 그림을 그리는 사람에게 어떻게 온전히 전달하게 하는지가 관건이다. 가장 좋은 방식은 직접 전달하는 것이며 게임 내에 이런 방식을 활용할 장치들을 만들어 놓는다. 게임을 진행해 보면 대부분 좋은 성과를 낸 팀은 의도된 장치를 잘 활용하여 커뮤니케이션을 잘한 팀이다. 문제는 가끔 이러한 의도에 맞지 않게 실행한 팀이 좋은 결과를 내기도 한다는 점이다. 이때, 미리 정해 놓았던 의미들을 억지로 게임의 결과에 끼워 맞추려다 보면 자칫 전달하려던 의도가 왜곡되거나 교육 효과가 반감되기도 한다. 그럴 때는 게임하는 과정에서 해당 팀이 좋은 결과를 낼 수 있었던 요소를 발굴해 그에 맞는 의미를 부여하여 설명해 줄 수 있어야 한다.

퍼실리테이턴트의
핵심 방식은
무엇인가요?

퍼실리테이턴트의 방식은 기존 컨설턴트의 방식과 어떤 면에서 다른 가? 콘셉트로 본다면 컨설턴트가 클라이언트의 문제를 대신 생각해 주고 해결책을 제시해 주는 방식을 취하는 데 비해, 퍼실리테이턴트 는 클라이언트가 지닌 자원들을 극대화하여 스스로 문제를 해결하는 데 활용하도록 돕는다는 점에서 기본적으로 다르다. 즉, 앞서 제시한 컨설팅의 다양한 개념에서 볼 때, '컨설턴트'는 서양의학적 관점에서 질병의 원인을 발견하고 그 요소를 제거하기 위한 처방을 내려주는 의사에 비유한다면, '퍼실리테이턴트'는 동양의학적 관점에서 몸의 균형을 찾아주고 면역력을 키워주어 몸이 스스로 치유하도록 돕는 한의사에 비유할 수 있다. 따라서 퍼실리테이턴트는 사용하는 방식 과 도구도 컨설턴트와 다르다. 퍼실리테이턴트는 크게 다음의 세 가 지 방식을 구체화하여 주로 활용할 수 있다.

1. 강점 기반의 Bottom-up 방식

퍼실리테이턴트는 한 사람의 견해나 지식을 다수의 사람에게 전달하기 위한 프로세스에서는 의미가 없는 사람이다. 이러한 전달 방식은 주로 Top-down으로 이루어지며, 일반적인 강의나 직접 전달 방식을 포장하여 활용하면 된다. 퍼실리테이턴트는 다수의 견해가 자유롭게 상호작용하도록 하고, 적절한 언어로 정리되도록 도우며, 더 나아가 실행 단계까지 진행될 수 있도록 자극하는 사람이다. 이러한 방식은 주로 Bottom-up 커뮤니케이션으로 이루어진다. Bottom-up 커뮤니케이션 방식은 필연적으로 집단지성을 지지한다. 한 사람의 우월한 지식과 경험보다 다수에 의한 상호보완적 지성이 더 우수할 수 있다는 것이다. 또한 집단지성은 한 집단 전체의 통합적 능력이, 집단을 구성하는 개개인이 지닌 지적 능력의 합보다 크다는 것을 전제한다. 따라서 퍼실리테이턴트는 집단을 구성하는 개인들의 강점에 집중하며, 집단으로서 그 강점들이 시너지를 내게 하는 데 에너지를 쏟는다.

메러디스 벨빈(Meredith Belbin)의 '팀 역할이론'은 국내에도 번역된바 있는 유명한 연구이다. 그는 아폴로 신드롬[23]을 언급하면서 뛰어난 지성을 지닌 개인들로 구성된 팀이 반드시 우수한 팀이 되지는 않는다고 말한다. 즉, 조직을 구성하는 개인에게는 자신만의 강점이 있는데 이를 9가지로 구분할 수 있으며, 이 9가지 구성요소를 가진 구성원들이 각자의 강점을 발휘하고 서로의 강점을 존중하면서 시너지를 낼 때 강한 조직으로 거듭날 수 있다는 것이다.

변화의 실행력

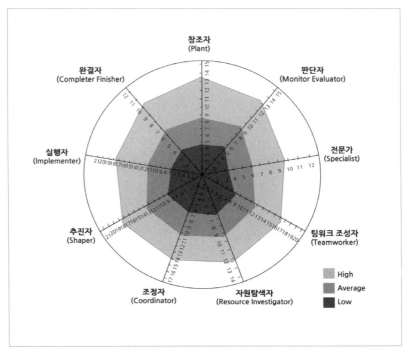

메러디스 벨빈의 팀 구성원의 9가지 유형

메러디스 벨빈은 개인의 강점 유형을 9가지로 나누고 이러한 각 강점이 유기적으로 협업할 때 강한 팀이 될 수 있다고 말한다.

개인의 강점을 진단할 수 있는 진단도구와 방식은 여러 가지가 있다. 그러나 벨빈의 진단은 팀으로서 각자가 가진 2가지 이상 되는 강점들을 팀 내에서 어떻게 균형을 이루면서 발전시킬지 고민하게 해주는 진단이라는 점에서 의미가 있다. 개인의 강점만을 진단하는 것은 여러 측면에서 한계가 있다. 우선 결괏값으로 도출된 자신의 강점이 고정된 강점으로 다른 사람에게 인식되고 싶지 않은 사람들이 존재하기 때문이다. 이들은 아직 자신의 강점이 정해지길 원하지 않을 수 있고, 다양한 차원에서 자신의 강점을 발휘하고 싶어 한다. 어떤 이들은 자신의 실제 강점이 아니라 자신이 가지고 싶어 하는 강점을 진단지에 표시하기도 한다. 따라서 강점을 진단하는 일은 진단 자체가 중요하다기보다 스스로 어떤 역할을 할 수 있는지 고민하게 하고 그들의 자발적인 행위를 이끌어 내는 동기로 활용하는 것이 적합하다.

위 그림은 Appreciative Inquiry(AI)의 프로세스이다. AI 프로세스는 한때 '긍정혁명'이라는 제목으로 문제해결 기반의 프로세스였던 6-Sigma를 대체할, 강점 기반의 변화관리 프레임으로 각광 받았다. 네 가지의 D 이니셜로 모델링 된 순환 프로세스는 '우리의 강점을 발굴(Discover)'하고, '강점이 발휘된 미래 모습을 상상(Dream)'하고, 이러한 '이상적인 미래 모습을 구체화하기 위해 시스템을 설계(Design)'하고, 설계된 '시스템이 제대로 운영될 수 있도록 역할을 부여(Deliver)'하는 것까지 단계적으로 이행된다. 기존 혁신 모델들에서 '문제를 드러내고 정의(Define)'하는 데 출발점이 있었던 것과는 차이가 있다. 이는 문제에 집중하다 보면 끊임없이 '내가 무엇을 잘못하고 있다'고 생각하게 되고 이런 생각 때문에 혁신에 대한 피로감이 쌓여 지속적인 혁신을 하기 어려워진다는 점에서 기인했다. 물론 4D 프로세스가 '문제해결 프로세스보다 구체적이지 않고 실질적인 변화를 이끌어내기 어렵다'는 지적도 있다. '억지로 조직에 대한 무비판적 긍정주의를 이끌어내려 한다'고 비판받기도 한다. 이는 4D 프로세스의 핵심이 '조직 내 긍정주의를 끌어내는 것'이 아니라 '직원들

변화의 실행력

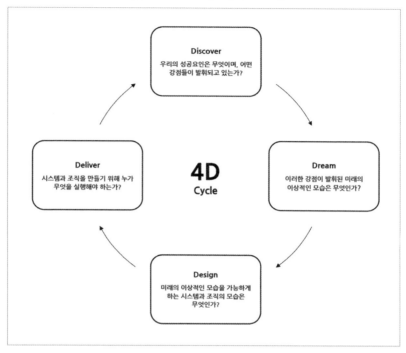

Appreciative Inquiry의 4D 모델

4D Cycle

Discover
우리의 성공요인은 무엇이며, 어떤 강점들이 발휘되고 있는가?

Dream
이러한 강점이 발휘된 미래의 이상적인 모습은 무엇인가?

Design
미래의 이상적인 모습을 가능하게 하는 시스템과 조직의 모습은 무엇인가?

Deliver
시스템과 조직을 만들기 위해 누가 무엇을 실행해야 하는가?

4D 모델은 쿠퍼라이더(David Cooperrider)와 다이애나 위트니(Diana Whitney)가 2001년 출간한 책에서 처음 소개되었다.

의 자발성을 끌어내는 것'에 있다는 사실을 간과한 채 적용했기 때문이다.

매슬로우(Maslow)의 욕구 모델에서 확인되는 바와 같이 현대 조직의 개개인은 '조직에 대한 소속감'도 중요하지만 '개인 스스로의 존재감'도 중요하게 생각하는 단계로까지 발전했다. 즉, "내가 이 조직의 '일부분'이 아니라 '나'라는 개인으로도 존중받고 있구나"라고 인식하고 싶어 한다. 이런 개인의 존재감을 느끼게 해주는 방법은 '스스로 결정할 기회들'을 지속적으로 만들어주는 것이다. 누군가 시켜서 일하는 것이 아니라 스스로의 강점을 기반으로 자율적으로 일하는 장을 확대해 나가는 것이 조직원들의 능률을 향상시키고 장기적 성과를 이끌어낼 방법이다. 많은 사람이 구글의 인재들을 언급하면서 조직의 '자유주의'와 '성과주의'에 대해서는 자신들의 입장에 따라 선택적으로 차용한다. 조직원들은 구글의 자유로운 조직문화를 도입하고 싶어 하는 반면, 경영진은 구글 직원들이 밤을 새워가며 치열하게 성과를 만들어내는 모습을 우리 직원들이 배우길 바란다. 그러나 양자가 조금 더 관심을 기울여야 하는 부분은 구글이 조직으로 존재하면서도 구글 직원들은 어떻게 그 안에서 개인으로서 존중받고 있는지 확인하는 것이다. 퍼실리테이턴트는 이 양자에 대한 균형 잡힌 고민과 조직이 본질적으로 추구해야 할 가치를 토대로 아래로부터의 변화를 이끌어내고자 하는 사람이다.

2. 다차원적 인사이트 접목 방식

퍼실리테이턴트와 일반적인 컨설턴트의 차이점은 자신의 방법론과 관점을 전적으로 고집하지 않는 것이다. 어떤 데이터의 단순한 반복이나 양적 우세로 확인할 수 있는 결과를 우리는 '패턴'이나 '트렌드'라고 부른다. 반면, 어떤 현상이나 사물의 원리를 종합적으로 판단하는 것을 '인사이트'라고 부른다. 우리가 보통 '통찰'이라고 표현하는 인사이트는 어떤 사실에 대한 객관적인 분석에서 나온다기보다는 직관적 성찰에서 나오는 경우가 많다. 예를 들어, 성철 스님이 남긴 "산은 산이요, 물은 물이로다"라는 짧은 명언은 오랜 시간 산을 분석하거나 여러 개의 강을 비교 분석해 얻은 결론이 아니며, 해석 그 자체가 의미 있는 것도 아니다. 성철 스님은 그 단순한 언어를 통해 변하지 않는 진실과 만물의 근원, 본질을 설명하려 했다. 이것은 경영에서도 다르지 않다. 스티브 잡스는 사람들이 무엇을 원하는지 오랜 시간 데이터를 수집하고 분석하여 아이폰을 창조해 낸 것이 아니었다. 새로운 원천기술의 개발에만 몰두한 것도 아니다. 다양한 관점의 재해석과 현재 개발된 기술들을 적절히 접목하여 세상에 없던 물건을 창조해 낸 것이다.

4차 산업혁명의 핵심은 '융합'이라고 이야기한다. 이것은 기술적인 융합뿐만 아니라 인문, 사회적 융합을 모두 포괄한다. 예를 들어, 비트코인을 가능하게 한 블록체인 기술의 핵심은 '민주주의 개념'을 접목한 시스템이다. 소수가 지배하는 금융시스템은 부패한 소수의 부정으로 손상될 수 있지만, 다수에 의한 표결 시스템은 소수의 부패를 감시하고 정화할 수 있다는 개념을 IT기술에 접목한 것이다. 이러한 융합이 가능해지려면 다방면의 사람들과 아이디어를 공유하고, 성과를 공유할 여지를 열어두어야 한다. 특히, 우리 제품을 사용할 고객이 직접 제품 개발에 참여하게 하는 것이 중요해진다. 시청자 사연을 받아 '집단지성'을 활용해 드라마로 구성했던 『응답하라』 시리즈가 인기를 끈 이유는 여기에 있다.

브레인스토밍(Brainstorming)은 집단지성을 활용하여 디자인 아이

브레인스토밍의 5단계 프로세스

Step 1	Step 2	Step 3	Step 4	Step 5
Define Issue (고객 니즈 확인)	**Assemble Team** (프로젝트팀 구성)	**Generate Idea** (브레인스토밍 W/S)	**Evaluate Idea** (아이디어 평가)	**Prototype Idea** (제품 프로토타이핑)
■ 고객이 해소하고자 하는 문제 또는 이슈를 명확히 하는 과정	■ 이미 구성된 팀이 아닌 프로젝트를 위해 팀을 구성	■ 실질적인 브레인스토밍 본 과정 (다양한 기법 적용) - BrainWriting - Idea grouping - Discussion - Dotting - Visualization	■ 아이디어 발표 및 시니어에 의한 평가/피드백 - 아이디어의 실효성 (원가, 단순성, 적용 기술 등) 증대	■ 시제품 개발 및 고객 피드백

활용하는 사람들의 목적과 상황에 따라 여러 형태의 브레인스토밍 프로세스를 활용할 수 있지만 공통적으로 5단계의 핵심 프로세스를 가진다.

디어를 만드는 가장 오래된 문제해결 방법론 중 하나이다. 브레인스토밍 과정의 핵심은 다양한 사람들이 고객 관점에서 아이디어를 도출해 보는 것이다. 회의에 참여하는 모든 이가 고객일 수 있으므로 아이디어를 도출하는 과정에서는 서로의 아이디어를 평가하거나 비판하지 않는 것을 원칙으로 한다. 이 브레인스토밍 기법을 가장 잘 활용하는 기업은 디자인 회사 IDEO이다. 이 회사에는 디자인 전공자가 아닌 다양한 전공의 사람들이 제품을 디자인하는 데 참여한다. 고객은 디자이너가 아니며, 다양한 고객의 눈높이에서 제공되는 아이디어가 훌륭한 솔루션을 만든다는 철학 때문이다. 이 회사는 브레인스토밍을 활용할 때 리더가 아닌 동료 중 한 명이 주제에 따라 회의를 주관하는 것으로 잘 알려져 있다. 이 역시 동등한 위치에서 자유롭게 토론하는 분위기 가운데 더 창의적인 아이디어를 생산할 수 있다는 회사의 철학 때문이다. IDEO의 직원들은 이러한 브레인스토

변화의 실행력

밍 과정을 거쳐 여러 가지 창의적인 디자인을 만들어내는데 그 과정은 아래와 같이 5가지 핵심 단계로 표현할 수 있다.

제시된 프로세스에서 알 수 있듯이 브레인스토밍은 단순한 회의 스킬이 아닌 '창의적 문제해결을 위한 집단지성의 효율적 활용 프로세스'이다. 한 분야에서 긴 시간 경험을 쌓아온 전문가 한 사람의 독단적인 견해가 다수 고객의 시각보다 우위에 있지 않다는 점을 전제한다. 또한 다양한 견해를 인정하고 서로 다른 차원의 생각을 설명해야 하므로 브레인스토밍에서는 아이디어를 시각화하는 것을 중요시한다. 이를 위해 여러 단계에 걸쳐 목업 제품을 만들고 고객 관점의 피드백을 통해 끊임없이 제품을 개선한다. 과정의 특성상 도출된 성과는 누구 한 사람의 것으로 규정될 수 없다. 시니어나 리더들 역시 브레인스토밍 과정의 일부이므로 자신만의 성과를 주장하기 어렵다. 함께 일하고 함께 동등한 성과를 인정받는다는 점에서 진정한 협업이다. 이런 의미에서 IDEO의 직원들은 단순히 어떤 한 직무나 직업의 전문가가 아니라 모두 '프로세스 전문가'라고 볼 수 있다.

브레인스토밍 프로세스는 디자인 프로세스뿐만 아니라 제도나 시스템을 구현하는 과정에서도 활용될 수 있다. 특히, 변화를 예측하기 어려운 현대 경영에서는 소수의 직무전문가에 의해 도출된 경영전략이나 시스템으로, 10년 이상 장기간 조직을 운영할 수 있다고 하는 것은 시대에 뒤처진 발상이다. 오히려 스타트업 기업처럼 고객의 니즈에 따라 시시각각 전략을 변경할 수 있고, 다수가 경영에 참여하며, 다수가 시스템에 책임지는 유연한 형태가 4차 산업혁명 시대에 살아

남는 데 필요한 조직구조일 것이다.[24] 이러한 조직을 구현하기 위해 브레인스토밍의 핵심 철학과 프로세스를 이해하는 것이 필요하며, 퍼실리테이턴트는 이러한 방식을 활용하여 조직의 변화를 주도하게 될 것이다.

구글은 브레인스토밍의 철학과 프로세스의 각 핵심 요소를 극단적으로 효율화하여 '스프린트(Sprint)'[25]라는 기획실행 프로세스를 고안하였다. 스프린트는 어떤 문제에 다양한 인사이트를 적용하여 5일 만에 최적화된 솔루션을 도출하는 구글만의 독창적인 방법론이다. 핵심적인 내용을 살펴보면, 브레인스토밍 과정에서 나타날 수 있는 여러 가지 비효율적 요소들을 구글의 인적자원과 조직문화에 맞게 정리하여 체계화한 것이지만, 프로세스 기간과 요일별로 할 일을 명시하고 고객의 반응까지 확보하여 일주일이라는 짧은 시간 안에 솔루션을 도출해내고, 이를 자신들만의 경험을 통해 완성해냈다는 점에서 구글만의 프로세스라고 볼 수 있다. 아래 그림처럼 구글 스프린트의 프로세스에서는 우선 일주일이라는 시간을 정확하게 확보한다. 따라서 해당 프로세스에 필요한 멤버들에게 소비해야 할 시간을 명확하게 제시하고 구성원을 차출할 수 있다. 프로젝트의 기간을 기반으로 하여 팀이 유연하게 생성되었다 소멸하기를 반복하는 구글의 조직구조에서는 한번 프로젝트에 투입되었을 때 소모되는 시간을 정확히 알려주어야 하기 때문이다.

프로젝트팀이 꾸려지고 나면 월요일에는 문제를 정의하고 프로젝트가 지향하는 바를 명확히 한다. 솔루션의 방향성이 비효율적으로

　　　　　　　　　　　　　　변화의 실행력

구글 스프린트

월요일	화요일	수요일	목요일	금요일
문제해결 맵 그리기 및 타겟 설정하기	솔루션 스케치하기	최고의 솔루션 결정하기	프로토타입 만들기	타겟 고객에게 테스트하기

과제 → → 학습

일주일 안에 기획실행을 완료하는 구글의 효율화된 프로세스이다.

분산되는 것을 막기 위함이다. 화요일에는 개인들에게 솔루션을 고민할 시간을 부여한다. 개인의 생각이 정리되기 전에 아이디어를 도출하게 되면 시간이 많이 소요될 수 있고, 간단하게라도 결과를 구현한 스케치가 있어야 각 개인의 아이디어를 서로 잘 이해할 수 있기 때문이다. 수요일에는 격렬한 토론과 투표를 통해 솔루션을 선정하고 완성된 모습을 결정한다. 이 과정에서 최종적으로 15분 내로 끝나는 스토리보드를 만드는데, 이 스토리보드는 고객을 인터뷰하는데 사용된다. 목요일에는 본격적으로 시제품을 만든다. 이때 시제품은 진짜 제품처럼 보여야 한다는 점이 중요하다. 하드웨어라면 실물 크기의 제품을 3D 프린터로 구현하거나 비슷한 제품을 개조하여 만들 수 있고, 소프트웨어라면 구현된 프로그램의 형태를 슬라이드 등으로 구체화할 수 있을 것이다. 핵심은 프로토타이핑 역시 하루 만에 완료되어야 한다는 점이다. 마지막 금요일에는 5명의 고객을 한 사람씩 차례로 인터뷰한다. 구글은 닐슨(Jacob Nielsen)의 연구결과[26]를 토대로, 5명이라는 소수의 인터뷰를 통해 제품의 문제점 85%를 확인하고 빠르게 수정하는 방식을 채택한다. 5명을 심층 인터뷰하여 발견한 대다수의 문제를 빠르게 수정하는 것이 나머지 15%의 문제점을 발견하기 위해 20명을 인터뷰하느라 시간을 소비하는 것보다 효율적이기 때문이다. 스프린트 프로세스는 최종적으로 이렇게 도출된 결론을 받아들이고 학습하는 것으로 마무리된다.

브레인스토밍이나 스프린트 과정 모두 핵심은 '다차원적 인사이트'를 확인하고 접목하는 것이다. 아무리 훌륭한 프로세스라고 하더라도 프로세스를 진행하는 과정에서 이 핵심을 도출해내지 못하면 과정 자체가 무의미해질 수 있다. 어쩌면 퍼실리테이턴트는 경험이나 전문지식을 통해 해당 결과의 80% 이상을 이미 파악한 상태일 수 있다. 그러나 나머지 20%를 통해 차별화된 아이디어를 만들고 조직이 함께 성장할 여지가 있음을 알기 때문에 자신의 솔루션을 주장하지 않고 이런 방식들을 활용해야 하는 것이다.

3. 시스템 씽킹(Systems Thinking) 방식

퍼실리테이턴트는 단일 문제를 세세하게 분석하고 해당 문제 자체를 해결하는 데만 집중하기보다 전체의 구조와 메커니즘을 고려하고 각 요소를 균형 있게 연결하기 위한 방식을 활용한다. 이를 위해서는 어떤 제도나 솔루션이 실행되었을 때 일어날 수 있는 결과와 조직의 어떤 부분이 영향을 받을지 예측하고 대응책을 마련해야 한다. 맥킨지의 7S 모델은 경영전략 부문에서 활용되는 시스템 씽킹의 대표적인 예이다. 조직을 진단할 때는 조직이 추구하는 전략(Strategy), 전략을 실행할 수 있는 구조(Structure), 전략이 실행되는 비즈니스 시스템(Systems), 이를 운영하는 데 필요한 기술(Skills), 인적자원(Staff), 리더십 및 업무 방식(Style), 그리고 이 중심에 공유된 가치가 존재하는지(Shared Value) 확인해야 한다는 것이다. 이처럼 시스템 씽킹은 조직 및 비즈니스 환경의 전반적인 흐름과 요소, 상관관계 등을 모두 고려해야 한다는 측면에서 단선적 과정인 프로세스 씽킹과 다르다. 사실상 조직의 컨트롤 타워인 전략 부서에서는 이미 대부분 시스템 씽킹을 활용하고 있다. 그러나 실행력이 담보되고 유연한 시스템 씽킹을 완성하려면 퍼실리테이턴트의 운영 방식이 필요하다.

비즈니스 모델 캔버스[27]는 스타트업들이 쉽게 비즈니스 모델을 설계하도록 도움을 주는 시스템 씽킹의 도구다. 비즈니스 모델 캔버스는 고객에게 무엇을 어떻게 판매하겠다는 단편적인 아이디어를 넘어서서 '어떤 차별적인 가치(Value Proposition)를' '어떤 고객(Customers)에게' '어떤 파트너(Key Partners)와 함께' '어떤 활동(Key Activities)과 어떤 자원(Key Resources)을 가지고' '어떤 방식(Customer Relationship)과 어떤 유통 경로(Channels)를 통해' 비즈니스를 할 것인지, 또한 이러한 과정을 통해 '얼마의 비용(Costs)을 발생시키고' '얼마의 매출(Revenue Stream)을 올릴 수 있을지' 비즈니스 모델 전체를 살펴보게 해 주는 도구이다. 많은 스타트업이 좋은 아이디어와 기술이 있으면서도 사업에 실패하는 이유는 해당 아이디어와 기술에만 의존해 비즈니스 모델 전체를 관리하는 역량이 부족하기 때문인데, 비즈니스 모델 캔버스는 스타트업의 이러한 문제점을 해소하는 데 유용한 도구로 평

비즈니스 모델 캔버스 예시

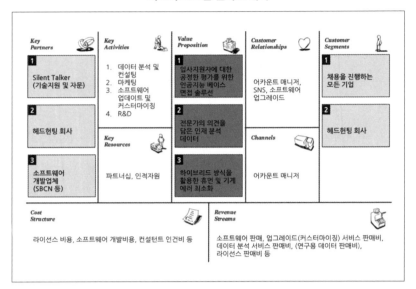

Key Partners	Key Activities	Value Proposition	Customer Relationships	Customer Segments
1 Silent Talker (기술지원 및 자문)	1. 데이터 분석 및 컨설팅 2. 마케팅 3. 소프트웨어 업데이트 및 커스터마이징 4. R&D	**1** 입사지원자에 대한 공정한 평가를 위한 인공지능 베이스 면접 솔루션	어카운트 매니저, SNS, 소프트웨어 업그레이드	**1** 채용을 진행하는 모든 기업
2 헤드헌팅 회사	**Key Resources**	**2** 전문가의 의견을 담은 인재 분석 데이터	**Channels**	**2** 헤드헌팅 회사
3 소프트웨어 개발업체 (SBCN 등)	파트너십, 인적자원	**3** 하이브리드 방식을 활용한 휴먼 및 기계 에러 최소화	어카운트 매니저	

Cost Structure	Revenue Streams
라이선스 비용, 소프트웨어 개발비용, 컨설턴트 인건비 등	소프트웨어 판매, 업그레이드(커스터마이징) 서비스 판매비, 데이터 분석 서비스 판매비, (연구용 데이터 판매비), 라이선스 판매비 등

비즈니스 모델 캔버스에 G-Squares 인공지능 채용면접 솔루션 사업의 비즈니스 모델을 정리한 예시이다. 사업에 필요한 각 요소를 한눈에 정리할 수 있고 지속적으로 변경이 가능한 유연한 도구라는 것이 장점이다.

가받고 있다. 비즈니스 모델 캔버스를 활용하는 주체는 비단 스타트업에만 국한되지 않는다. 이미 성숙한 조직에서 신사업 및 기존 사업의 전략을 체계화하기 위해 활용하거나, 개인의 커리어를 관리하는 차원에서도 본 캔버스를 활용할 수 있다. 현재 저자는 비즈니스 모델 캔버스를 사회서비스 인력들을 양성하는 도구로 활용하고 있다.

퍼실리테이턴트에게 비즈니스 모델 캔버스가 효과적인 도구인 이유는 단순하고 유연하기 때문이다. 해당 캔버스는 복잡한 과정이나 사전 지식이 필요하지 않으므로 다양한 수준의 사람들에게 쉽게 적용할 수 있다. 반면, 이 도구를 활용해 도움을 주고자 하는 운영자의 경험이나 도구에 대한 이해도에 따라 도출된 결과물이 질적으로 차이가 나기 때문에 일반적인 강사와 차별적인 역량을 보여줄 좋은 도구이다. 특히, 스타트업을 경험해 보지 않은 사람들이 스타트업 비즈니스 모델 캔버스를 이용해 강의를 진행하면 밸류 프로포지션이나 파트너 등을 도출하는 내용이 모호하고 추상적이어서 스타트업에 실질적인 도움을 주지 못하는 경우가 많다. 즉, 도구 자체의 매뉴얼보다 도구를 활용하는 전문가의 역량이 중요하다.

비즈니스 모델이 아닌 조직 전체의 가치체계 및 이와 연계된 경영전략을 수립하는 차원에서는 'Square P' 모델을 활용할 수 있다. Square P는 기존 비전체계의 과제 중심적이고 고정적인 조직 모델을 탈피하기 위한 대안이다. 이 모델은 조직의 가치를 기반으로 사람 중심적이고 유연한 모델을 만들기 위한 네 가지 P를 설정하였다. 우선 조직의 존재 목적(Purpose)은 조직의 '미션'으로 조직이 해야 할 일의 본질을 정의하는 것이다. 이러한 조직이 존속하는 데 필요한 두 가지 약속이 최소 약속(Principle)과 유연 약속(Promise)이다. 최소 약속은 장기간 변하지 않는 약속으로 초기 조직의 창업 정신이나 경영철학을 5가지 이내로 구체화해놓은 것이다. 예를 들어, "매년 이익의 10%는 사회에 환원한다" "우리는 실패를 권장한다" 등 조직 차원에서 적어도 이 부분은 서로 약속이 되어야 같은 조직원이 될 수 있음을 언급해 놓은 것이다. 유연 약속은 조직원 모두가 함께 매년, 혹은 정기적으로 합의해 변경할 수 있는 약속이다. 예를 들어, 근무 시간, 인사제도 등 조

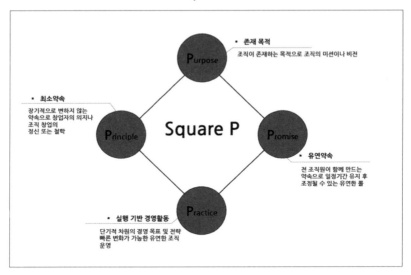

Square P

- **존재 목적**
  조직이 존재하는 목적으로 조직의 미션이나 비전

Purpose

- **최소약속**
  장기적으로 변하지 않는
  약속으로 창업자의 의지나
  조직 창업의
  정신 또는 철학

Principle

Square P

Promise

- **유연약속**
  전 조직원이 함께 만드는
  약속으로 일정기간 유지 후
  조정될 수 있는 유연한 룰

Practice

- **실행 기반 경영활동**
  단기적 차원의 경영 목표 및 전략
  빠른 변화가 가능한 유연한 조직
  운영

기존 비전체계의 부족한 영역을 보완하고 아래로부터의 변화를 추구하기 위해 구축된 G-Squares의 조직 컨설팅 모델

직원들이 경영에 실질적으로 참여하면서 스스로 약속한 것에 책임지게 하는 영역이다. 특히, 4차 산업혁명 시대의 창업 분위기에 발맞춰 등장하는 작은 규모의 유연한 조직들에는 기존의 딱딱한 경영 방식을 적용하기에 적합하지 않으며, 점차 자신의 삶에서 주도적인 역할을 하고자 하는 개인들의 발전된 욕구를 충족시키기 위해서도, 개인들과 관련된 조직시스템의 중요 의사결정을 조직원들에게 직접 맡기는 것은 중요하다. 마지막으로 실행 기반의 경영활동(Practice)은 시장 환경과 고객 니즈를 기반으로 한 단 기간의 경영 활동을 수립하는 것을 의미한다. 5년 이상의 장기적 목표 설정을 지양하고 단순하면서도 명확

변화의 실행력

한 단기간의 목표 설정을 반복하는 것이 핵심이다. 기존의 조직 비전과 연계된 중장기 전략은 장기간에 걸쳐 높은 목표를 잡는 것이 통상적인 방법이었다. 그러나 이러한 장기간의 비전은 당장 실행해야 할 목표를 명확하게 제시하지 못하며, 조직원들의 입장에서는 쉽게 공감할 수 없다. 또한 무리하게 잡아 놓은 비전을 달성하는 데만 초점을 두면, 자칫 본래의 취지를 간과하게 되는 경우가 허다하다. 따라서 Square P는 단기간의 실행전략을 지지한다.

'변화영역 프레임'은 조직 내 개인들에게 변화 과제들을 일일이 Top-down으로 정해주지 않고 자발적으로 변화 과제들을 도출해 실행하도록 유도하는 과정에서 활용할 수 있다. 다만, 개인들이 균형 잡힌 관점에서 변화 과제를 도출하도록 4가지의 영역만 제시해 준다. 영역을 제시해 주지 않으면 시스템 전체를 위한 과제들이 도출되지 않고 일부 개인과 관련된 영역에 대해서만 변화가 실행될 수 있기 때문이다. 매트릭스는 개인과 조직 차원의 수직축과 조직 내부와 외부 차원의 수평축으로 이루어진다. 이에 따라 변화의 영역은 개인의 업무 방식(Work Style), 개인의 삶과 자기개발(Life & Development), 조직/팀의 업무 및 협업 프로세스(Procedure & Collaboration), 고객/파트너 관계관리(Customer & Partner Relationship)로 구분된다.

시스템 씽킹의 예시들에서 알 수 있듯이 시스템 씽킹 방식의 도구들은 활용하는 사람의 역량에 따라 결과물이 다르게 도출될 수 있다. 즉, 도구를 활용하는 사람의 경험과 스킬이 결과물에 투영된다. 변화 영역 프레임도 자발적 활용 단계에 이르기까지 퍼실리테이턴트에 의

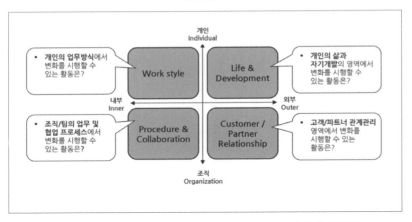

Matrix C

개인과 팀이 자발적으로 변화의 과제들을 설정하고 실행하도록 돕기 위해 개발된 G-Squares의 변화관리 컨설팅 방법론

해 지속적으로 전달되고 실행이 촉진되지 않으면 효과적으로 적용하기 어렵다. 자칫 리더에 의한 강제적인 전달은 또 다른 지시의 영역으로 왜곡되기 쉬우며, 리더 본인은 변화의 책임과 관련 없는 것처럼 실행될 우려가 있기 때문이다.

이 장에서 언급한 것처럼 퍼실리테이턴트의 3가지 핵심 방식은 퍼실리테이턴트의 역할에 적합하게 활용된다. 도구 자체보다는 도구를 쓰는 사람이 목적과 방향성에 맞게 활용하는 것이 더 중요하다. 많은 기업이 '성과관리' 제도를 도입해 활용하지만, 이 제도가 직원들의 '시간을 관리하는 것'을 대체하기 위해 도입되었다는 본래의 취지를 이해하는 기업은 많지 않다. 그러다 보니 우리나라 기업들은 직원들의 성과를 관리하면서 시간까지 관리하고 있다. 우리나라가 OECD 국가

변화의 실행력

중 노동시간이 가장 긴데도 생산성은 가장 낮은 이유는 여기에 있다. 그뿐 아니라, 성과관리 운영에서 가장 중요한 '리더에 의한 피드백과 코칭'은 거의 시행되고 있지 않다. 리더가 직원들을 대면해서 적절한 커뮤니케이션 스킬을 활용해 피드백할 역량이 부족하기 때문이다. 퍼실리테이턴트와 퍼실리테이턴트가 활용하는 방식의 관계도 이와 같다. 동일한 방식이어도 경험을 통해 이해하고 적용하는 사람과 그렇지 않은 사람은 그 결과에 차이가 날 수밖에 없다. 특히, 아래로부터의 변화가 촉진되고 있는 4차 산업혁명 시대에는 '어떤 방식'을 활용하는가보다 '누가' 그 방식을 활용하는지가 중요하다. 퍼실리테이턴트가 변화의 필수 요건이 되는 이유이다.

퍼실리테이턴트를
위한
생각의 프레임

삼국지의 적벽대전(赤壁大戰)은 유비와 손권 연합군이 조조의 수십만 대군을 적벽에서 무찔렀다는 전설로 아직도 회자되는 전사(戰史)이다. 삼국지의 이야기가 역사적으로 어디까지 사실인지는 여전히 의견이 분분하지만 여기서는 역사적 사실을 따지려는 게 아니므로 사람들이 익히 알 만한 나관중의 『삼국지연의』 이야기를 배경으로 하겠다. 소설이든 영화든 삼국지를 한 번이라도 접해봤다면 적벽대전에서 제갈량의 활약에 감탄하지 않은 사람이 없을 것이다. 적벽대전은 제갈량의 기지와 전략이 정점을 찍은 사건이었다고 해도 과언이 아니다. 제갈량은 우선 손권이 유비와 함께 조조에게 저항하도록 설득하는 데 큰 공헌을 한다. 더불어 조조를 아군의 전장에 끌어들이고, 첩자를 이용해 연환계-적이 스스로를 옭아매도록 만드는 계책-를 쓰며, 심지어 날씨의 변화를 예측하여 전투에 활용하는 데다가 그 유명한 '천하삼분지계(天下三分之計)'를 제안하기까지 삼국지에서 묘

변화의 실행력

적벽대전에서의 제갈량
적벽대전에서 제갈량은 바람의 방향이
바뀔 것을 예상해 화공을 썼다.
제갈량은 퍼실리테이턴트십을 잘 보여준 인물이다.

사되는 적벽대전은 마치 제갈량의 손바닥 위에 벌어진 사건이었다는 착각마저 든다. 제갈량은 유비나 손권과 같은 리더 위치에 있는 사람은 아니었다. 그러나 '군사(책략가)'로서 불확실한 전장의 향방을 유리하게 이끌어가면서 전장의 실질적인 지배자 역할을 한다.

적벽대전에서 제갈량이 보여준 역할을 통해 퍼실리테이턴트십의 핵심 모델을 설명할 수 있다. 첫째, 개개인의 캐릭터와 강점을 정확히 알고 그 강점을 극대화하는 역할을 부여하는 것(예: 방통에게 첩자의 역할을 맡김), 둘째, 공략해야 할 상대의 입장에서 생각하고 그 상대가 어떻게 움직일지 파악하는 것(예: 안개 긴 장강에 배를 띄우면 조조군이 화살을 쏠 것이라고 예측하여 화살 10만 개를 빼앗아 옴), 셋째, 각자의 이익을 위해 모인 이들에게 공통된 가치를 공유하는 것(예: 조조에게 저항하는 것이 자유와 정의의 가치를 지키는 일이라 설득함), 넷째, 다양한 개개인이 최적의 시너지를 내도록 병력을 배치하고 운영하는 것(예: 손권 군이 수군으로 조조 군의 정면을 치고 유비 군이 지상군으로 후방을 공략하도록 함), 그리고 다섯째, 정치적 관계, 기후, 아군과 적군의 배치와 상황 등 시스템으로서의 전체를 연결한 전략을 수립하고 공략하는 것(예: 바람의 방향이 바뀔 것을 예상하여 화공을 쏨)이다.

피터 센게(Peter Senge)의 『제5경영(The Fifth Discipline)』은 우리나라에도 번역되어 한동안 시스템 사고의 중요성을 강조하며 유행을 일으킨 적이 있다. 다만 당시 조직개발의 이슈가 한국에서 크게 대두되지 않았고 '멘탈 모델'과 '시스템 씽킹'의 내용이 다소 난해했기에 실제로 적용되는 사례는 많지 않았다. 그러나 4차 산업혁명과 더불어

변화의 실행력

피터 센게의 시스템 씽킹 모델과 퍼실리테이턴트십 모델

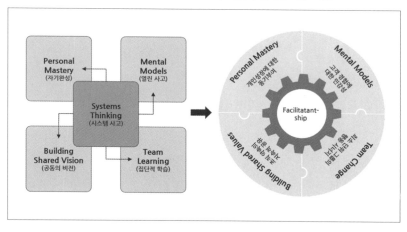

변화에 대한 이슈가 더 크게 등장하면서 조직개발에 대한 니즈가 늘고 있으며, 특히 아래로부터의 변화를 촉진하려면 기존의 변화관리 방법론과 다른 방법론을 활용해야 한다는 측면에서 피터 센게의 모델을 재조명할 필요가 있다. 이 장에서는 피터 센게의 다섯 가지 영역이 지닌 핵심요소를 파악하고 더욱 효과적인 차원으로 변형하여 퍼실리테이턴트십 모델을 제안하고자 한다.

1. Personal Mastery (개인 성장에 대한 동기부여)

현대의 많은 회사는 '조직은 개인의 집합체'라는 점을 간과하는 경향이 있다. 물론 조직은 개인의 합 이상의 어떤 존재이지만, 각 개인 없이 조직은 존재할 수 없다. 따라서 조직은 조직의 성장을 위해서 개인의 희생만을 강요할 것이 아니라 개개인의 성장을 위한 노력과 지원을 해야 할 의무가 있다. 특히, 더 이상 조직이 개인의 평생직장을 담보할 수 없는 현실에서는 개인이 자신들의 강점을 발현하고 자기 분야에서 마스터가 될 수 있게 지원해야 한다. 4차 산업혁명 시대에는 개인이 자신의 직무보다 더 많은 강점을 가지고 있다. 즉, 어떤 개인은 자신에게 주어진 직무보다 더 많은 직무를 소화할 수 있고, 다양한 일에 관심을 기울일 수 있다. 이것은 회사 내에서만 국한되지 않는다. 이미 투잡, 쓰리잡을 해낼 수 있는 개인들에게, 조직은 단순한 직무 교육을 넘어서 해당 개인이 조직 내부에서만 아니라 조직 외부에서도 인정받는 수준으로 성장할 수 있도록 동기를 부여해야 한다.

2. Mental Models (고객 경험에 대한 민감성)

원래 멘탈 모델은 "조직 내 고정관념을 깨는 사고방식"을 의미한다. 그러나 현실적으로 어떤 조직도 이런 개념적인 언어를 활용하여 조직 내 고착된 고정관념을 해소하기는 어렵다. 예를 들어, 새로운 시대에 맞는 조직의 변화와 혁신을 강조하면서, 여전히 그 변화의 과제가 위로부터의 지시로 시작되어야 한다는 고정관념이 그것이다. 조직에 흐르는 암묵적 고정관념을 깨야 한다는 식의 추상적 모토가 아닌 더욱 명확한 행동 기준을 제시할 필요가 있다. 그 기준은 역시 '고객'이다. 멘탈 모델 영역에서는 고객의 관점, 특히 '고객의 경험'을 기반으로 한 관점이 조직 내 고착된 관점과 다를 수 있다는 점을 강조해야 한다. 이미 디자인 분야에서는 멘탈 모델을 끊임없이 고객 경험 (UX: User eXperience)을 기반으로 한 디자인으로 발전시켜 왔다. 아이폰의 이어폰 소켓의 위치가 단말기의 위쪽에 있다가 아래쪽으로 변경된 사례도 음악을 듣다가 주머니에 있는 아이폰을 꺼내어 통화해야 하는 고객의 경험을 기반으로 디자인한 결과물이다. 따라서 퍼실리테이턴트십에서의 멘탈 모델은 내가 제공하는 서비스의 최종 수혜자(고객)의 자리에서, 나와 내 조직의 변화과제들을 발견하는 것이다.

3. Building Shared Values (조직 약속의 지속적 공유)

센게는 그의 모델에서 '비전'이 공유되어야 한다고 주장했다. 비전은 '무엇'을 향하여 갈 것인가를 의미한다. 즉, 명확한 목표지점이 중요하며, 그 목표가 조직원 모두의 가슴을 뛰게 하는 것이어야 했다. 기존 경영자 중심의 경영에서는 비전을 매우 중요시했다. 리더가 조직 전부를 책임지고 이끌어야 하고 조직원들에 대한 동기부여 책임도 리더에게 있었기 때문이다. 그러나 현대 경영에서 비전이 지닌 모순적인 요소가 발견되고 더 크게 부각되었다. 조직 모두의 가치를 담기 위해 비전이 너무 포괄적이면 목표가 분명하지 않은 것처럼 보이고, 동기부여를 위해 비전을 명확하게 제시하면 목표 실적을 캠페인하는 데 불과하기 때문이다. 더욱이 조직의 다양성이 중요해지는 현대 조직에서 비전이 조직원 모두에게 동기를 부여할 수 있다는 것은 지나친 믿음이다. 또한 리더가 바뀔 때마다 변하는 비전은 조직을 혼란스럽게 한다.

그럼에도 불구하고 조직이 개인이 아닌 단체로 존재하려면 어떤 일관성과 나름의 조직문화가 있어야 한다. 여기서 중요한 것이 '가치'이다. 가치는 조직이 '어떻게' 함께 일할 것인가를 의미한다. 비전은 명령이 될 수 있지만 가치는 약속이 된다. 일하는 방식을 일일이 매뉴얼이나 룰로 규정하는 것이 아니라 추구하는 문화이기 때문에 그 약속만 지키면 오히려 자유롭다. 예를 들어, "규정 하나, 고객 앞에서는 항상 웃는다, 규정 둘, 친절하고 상냥하게 "안녕하세요, ○○○입니다"라고 인사한다, 규정 셋, 고객의 불만은 웃으면서 응대한다" 등의 매뉴얼보다, "우리는 고객에게 행복을 팝니다"라는 가치 안에서 직원 스스로 알아서 행동하게 하는 것이 훨씬 자율적이면서 효과적인 약속이 된다. 이러한 약속은 서로가 지속적으로 확인하도록 공유하는 채널이 필요하며, 조직원들의 변동이 있다면 어느 시점에서는 새로운 조직원들에게 맞춰 개선할 필요가 있다.

4. Team Change (최소 단위 그룹의 행동 시너지)

개인의 중요성을 강조하면서도 단체로서의 행동을 인식하게 하는 과정이 '팀 단위의 실행'이다. 센게는 이 부분에 필요한 것을 '팀 학습(Team Learning)'으로 정의하였다. 물론 조직이 개발되고 변화하려면 학습이 중요하지만, 그 학습이 변화를 위한 실질적인 실행과 연동되어야 한다는 점에서 Team Change가 적절하다고 판단하였다. 이것은 역설적으로 팀이 실행을 통해 조직 변화를 학습할 수 있음을 강조하는 것이기도 하다. 팀은 최소 단위의 조직으로서 조직 차원의 변화를 연습할 수 있는 장이기 때문이다. 조직이 너무 크면 오히려 개인은 조직의 작은 일부분으로 폄하되거나 각 개인이 책임감 없이 무임

승차하려는 경향이 발생한다. 4~10명으로 이루어진 팀으로서의 조직은 각 개인의 강점을 발휘하여 개인의 가치를 향상시켜줄 적절한 무대이면서, 개인이 각자 팀 내 자신의 역할에 따른 책임을 회피할 수 없는 공개된 공간이다. 또한 조직의 거대한 변화는 개인 차원에서 인식되기 어려우며, 그 안에서 개인 스스로 어떤 역할을 하고 있는지 확인하기 어렵다. 반면, 팀의 변화는 개인이 체감하기 쉬우면서도 조직 차원의 변화로 인식될 수 있기 때문에 팀의 변화 실행이 조직 변화에 중요한 역할을 한다. 이미 존재하는 조직뿐만 아니라 새로운 조직을 창출하거나 스타트업을 하는 경우에도 팀으로서의 시너지는 중요하다. 3명 이내의 그룹에서는 단체보다는 개인 간 관계 차원에서 행동하는 경향이 강한데, 4명 이상의 그룹은 하나의 조직으로서 나름의 문화를 만들 수 있는 팀이 된다.

5. Facilitatantship (퍼실리테이턴트십)

앞에서 언급했듯이 시스템 씽킹은 퍼실리테이턴트의 핵심 방식이다. 퍼실리테이턴트는 'Personal Mastery' 'Mental Models' 'Building Shared Values' 'Team Change'의 4가지 요소를 적절하게 연결하면서도 각 영역이 변화의 방향성이나 목적에 맞게 발현되도록 다양한 도구와 효과적인 기제들을 활용한다. 그러나 퍼실리테이턴트의 선행적 경험의 필요성과 적용 단계에서 퍼실리테이턴트의 직간접적 개입을 강조한다는 측면에서, 센게가 언급한 시스템 씽킹보다 유연하게 적용될 수 있으며, 포괄하는 범위가 넓다. 따라서 피터 센게의

모델에서 시스템 씽킹은 퍼실리테이턴트십으로 전환한다. 다음 장부
터는 이러한 퍼실리테이턴트십 모델이 변화관리 컨설턴트, 스타트업
액셀러레이터, 정치 컨설턴트, 문화 디자이너들에게 어떻게 적용되
는지 경험 및 인터뷰를 통해 확인해 보고자 한다.

변화의 실행력

퍼실리테이턴트들의
이야기

조직 변화관리 전문가는 어떻게 적용하나요?

스타트업 액셀러레이터는 어떻게 적용하나요?

정치 컨설턴트는 어떻게 적용하나요?

예능PD는 어떻게 적용하나요?

Part II.

조직
변화관리
전문가는
어떻게
적용하나요?

조직변화관리자의 퍼실리테이턴트십은
조직원들의 자발적인 변화를 bottom-up
차원에서 디자인하고 지원하는 데 있다.

영화 다이버전트와
조직 변화관리 전문가

영화 다이버전트는 베로니카 로스(Veronica Roth)의 원작 소설을 영화화한 작품이다. 작가는 미래전쟁 이후 시카고라는 작은 울타리 안에서 자신들이 속한 5개의 분파를 유지하는 게 생존을 위한 절대적 질서라고 믿는 사람들을 보여줌으로써 체제에 근본적인 의문 없이 살아가는 현대 사회를 풍자한다. 영화 초반에 이런 대사가 등장한다.

> "이 사회가 살아남을 수 있는 유일한 방법은 여러분 각자가 본인이 있어야 할 자리에 있는 것입니다. 미래는 자신이 어디에 있어야 할지를 아는 사람들의 것입니다"

사회의 역할은 이미 정해져 있으며, 인간은 태어나면 각자 정해진 역할에 맞춰 살아가야 하는 존재라는 것이다. 영화는 누군가에게 통제된 기존 체제에 문제를 제기하고 인간의 자유를 추구하는 이들에

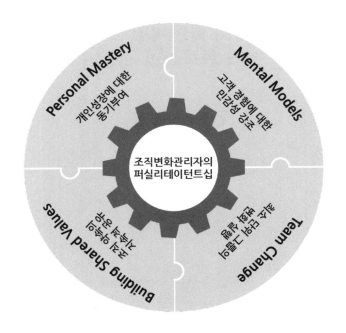

의해 새로운 사회로 변화되는 과정을 그리고 있다. 물론 영화는 사회의 부정적 단면을 극단적으로 묘사하고는 있지만, 한 조직의 변화 필요성과 그 프로세스에서도 비슷한 모티프를 가지고 생각해 볼 필요가 있다. 업무를 효율적으로 하기 위해 '분업'이라는 개념을 활용해 직무를 구분해 놓았지만 어느 순간부터 개인의 '가치'보다 개인의 '일'이 한 사람을 설명하는 경우가 많아졌다. 심지어 '사람'에게 '직무'를 맞추는 것이 아니라 '직무'에 맞춰 '사람'을 개발하는 시대에 이르렀다. 물론 이런 현상이 모두 잘못되었다는 말이 아니라 본질에 대한 고민 없이 균형이 왜곡되는 생태에 의문을 제기할 필요가 있다는 것이다.

변화의 실행력

일반적으로 변화관리 전문가의 조직 내 업무영역은 경영전략이다. 회사 조직과 비즈니스 전체를 고민해 사업의 방향성을 설정해야 하기 때문이다. 전략부서는 이 과정을 이끌어가는 컨트롤 타워로서 분석과 프레임에 능한 조직 내 최고의 브레인이 모여 있는 곳이다. 그러나 전략부서의 이러한 혁신 시도는 실패하는 경우가 많다. 조직의 변화는 '사람'으로부터 시작되어야 하는데, 사람에 대한 이해와 조율이 부족한 채로 변화의 그림만 그려놓고 기계적으로 시행되기를 바라기 때문이다. 반면, 조직 내 사람에 대해 가장 많이 고민하는 HR 전문가들은 비즈니스나 전략에 대한 전반적인 이해가 부족하고 부서의 특성상 안정을 추구하는 경향이 강해 조직의 변화를 실질적으로 주도하지 못하는 경우가 많다. 리더가 이런 역할을 해주기를 바라지만, 그것은 자신의 변화 없이 Top-down으로 지시되기를 바라는 일과 다를 바 없다. 리더가 아니면서 사람들의 자발적인 변화를 촉발해줄 존재, 어쩌면 영화처럼 조직 내에도 다이버전트 같은 사람들이 필요한 것이 아닐까. 그리고 이런 사람들은 조직 변화를 위해 어떤 영역들을 고민해야 할까.

A기업의
Bottom-up 팀
변화관리

저자는 A기업의 자율적 변화관리 담당자로 일한 경험이 있다. 처음 경영진과의 입사면접을 볼 때부터 Bottom-up 방식의 변화 모델을 설명하였고 경영진의 합의를 얻어 프로젝트를 진행하였다. 직원들과 경계심 없이 친밀함을 강화하려면 경영전략팀보다 조직문화팀이 변화를 주도하는 것이 바람직하다고 생각하였다. 계열사를 포함해 총 7개의 조직이 변화관리를 시행해야 하는 상황에서, 전국적으로 흩어져 있는 각 사업장 내 변화를 함께 해줄 사람들을 선발하였다. 우선 그들과의 관계를 강화하려고 워크숍 및 정기모임 등을 통해 유대감을 증진하였고 역량 강화를 위한 활동들을 병행하였다. 변화의 촉진제가 되어줄 사람들이 자신의 전문성에 자부심을 느끼도록 명함에 '엑스퍼트'라는 새로운 직책을 부여하였으며, 각종 스터디 및 교육을 통해 엑스퍼트들의 역량부터 강화하도록 프로젝트를 시행하였다. 매년 전사적으로 진행되는 조직 활성화 교육을 통해 앞으로의 조직개발 방향이 자율적 변화관리임을 조직 전체에 시사하였고, 여러 번의 시도를 거쳐 경영진의 승인을 받아 '강점기반의 팀 변화관리 프로젝트'[28]를 시행하였다. 해당 프로젝트는 전사 차원에서 매년 실시하기로 결정되었다.

프레임 1.
개인 성장에 대한
동기부여 (Personal Mastery)

Bottom-up 방식의 자율적 변화관리를 지향했기 때문에 '개인 강점'을 발굴해 자신의 성장 방향성에 스스로 동기를 부여하는 데서 시작하였다. 일반적으로 조직원들은 자신의 강점이 무엇인지 인지하지 못하여, 자기개발의 방향 역시 추상적이거나 조직의 정해진 체계에 따라 수동적으로 교육을 받는다. 이렇게 되면, 교육의 몰입도가 떨어지고 업무 현장에서 자신만의 강점을 활용해 능동적으로 성장하는 부분은 활용하지 못하는 경우가 많다. 저자는 전 직원이 팀 세미나를 진행하면서 개인 강점을 진단하도록 유도하였고, 팀원들과 팀장이 서로의 강점을 인지하게 하여 팀 내 조율을 거쳐 각자의 역할을 스스로 고민하게 하였다. 개인 강점은 직무로 구분하지 않고, 벨빈의 진단처럼 사고형, 관계형, 실행형으로 구분하여 개인 강점이 직무 영역이나 성과에 국한되지 않게 하였다. 또한 이 과정에서 강점이 부각되면서 자연스럽게 드러나는 약점을 가지고 커뮤니케이션하지 않도록 내용과 퍼실리테이션 매뉴얼을 보강하였다.

　개인 강점을 시작으로 팀 세미나를 진행하다 보니 변화의 시작점을 접하는 직원들의 태도가 사뭇 달라졌다. 기존의 변화는 개인 차원에서 시작하지 않았기 때문에 조직 차원의 큰 개념이나 나와는 크게 연관되지 않는다고 인식한 반면, 새로운 변화는 직원 개인의 강점에 관심을 기울이는 것으로 시작하다 보니 자신의 강점 영역으로 조직 차원에서 어떻게 기여할 수 있는지 고민하게 되었다. 그뿐 아니라 팀 세미나 자체가 딱딱하지 않고 부드럽게 진행되어 변화에 대한 인식을 다소 긍정적으로 유도할 수 있었다. 가장 중요한 부분은 스스로 자신의 강점이 가리키는 성장의 방향성을 고민하는 개인들이 나타나기 시작했다는 점이다. 한 개인은 타인에게서 자신의 성장에 대한 동기부여를 받기도 하지만, 자신이 잘하는 것을 깨달아 그 방향으로 스스로 성장하고자 하는 욕구만큼 크게 동기를 부여하는 것은 없기 때문이다.

프레임 2.
고객에 대한 고민
(Mental Models)

많은 기업이 그렇듯 변화의 과정에서 핵심적으로 고민해야 할 부분은 고객이다. 고객이 원하는 방식으로 문제의 해결책을 도출해야 함에도 불구하고, 많은 기업이 정작 문제해결의 핵심인 고객을 해당 과정에서 빠뜨리는 경우가 많다. 특히, 직원들이 자율적으로 과제를 도출하게 하면 고객 차원에서의 과제들이 도출되지 않을 가능성이 있었다. 때문에 '변화영역 매트릭스'를 제시해 자율적으로 과제를 도출하되 네 가지 변화영역(Work Style, Life & Development, Procedure & Collaboration, Customer & Partner Relationship)에 과제가 한 가지 이상은 반드시 도출되도록 유도하였다. 그 결과, 모든 팀이 고객과 파트너에 대한 변화과제는 한 가지 이상씩 도출하였다.

CS부서가 아닌데도 팀이 자발적으로 '월 1회 고객 니즈 파악 회의 개최' '협력사에 대한 갑질 문화 근절 워크숍' '최고의 고객만족 사원 선발' 등 고객과 파트너에 대한 과제들을 도출해 실행하였다. 고객

접점 부서가 아니면 고객에 관심이 없던 부서의 직원들이 고객과 파트너 영역에 대한 변화과제를 논의하면서 개인의 일이 어떻게 고객과 연결되는지 고민하게 되었다.

프레임 3.
조직 약속의 공유
(Building Shared Values)

변화의 방식은 공유된 가치에 기반을 둔다는 전제하에 변화추진팀은 조직의 핵심가치 전파와 내재화에 주력하였다. 핵심가치는 조직원이 서로 일하는 방식에 대해 약속한 문화이면서 우리가 변화해야 하는 방식이지만, 많은 기업에서 전시용으로만 활용되거나 너무 일반적이어서 자신들만의 독특한 '변화의 동력'으로 가져가지 못하는 경우가 허다하다. 다행히 저자는 오너가 기업문화에 대한 관심이 많아 단순하면서도 독특한 핵심가치를 구현해 직원들에게 공유하고 있던 기업에서 변화관리를 진행했기 변화의 동력을 확보하는 데 큰 어려움은 없었다. 만약 이 단계에서 기업이 명확한 가치 동력을 확보하지 않았거나, 복잡한 전시용 가치체계만 지녔더라면 가치체계를 수정하는 작업부터 시작했어야 할 것이다.

아래 표는 저자가 근무한 A회사의 핵심가치와 변화영역을 제시한 매트릭스이다. 각 변화영역에서 어떻게 우리 회사의 핵심가치를 구체

변화의 실행력

A회사의 팀 변화관리 워크숍 매트릭스

구분		핵심가치		
		창조적 파괴 • 혁신적 사고 • 무한도전	**정심최선** • 윤리의식 • 고객지향	**인재중시** • 전문성 추구 • 존중과 배려
변화 관리 영역	**개인의 업무** (Work style)			
	개인의 삶과 자기개발 (Life & Development)			
	팀의 업무 및 협업 프로세스 (Procedure & Collaboration)			
	고객/파트너 관계관리 (Customer / Partner Relationship)			

각 변화관리 영역에서 어떻게 핵심가치를 실현할 수 있을지 과제를 도출하도록 하였다.

적으로 실행할지 고민하게 되면서, 누군가 억지로 핵심가치가 구현
된 행동을 예시적으로 보여주지 않아도 스스로 판단해 과제에 적용
하게 되었다. 그뿐 아니라, 자연스럽게 핵심가치를 언급하고 적용하
는 빈도가 높아졌다. 결국, 다양한 교육을 통해 핵심가치를 내재화하
려는 시도보다 변화영역 매트릭스에 핵심가치를 접목해 자발적으로
실행을 고민하도록 유도하는 것이 조직원들의 핵심가치 내재화에 도
움이 되었다.

프레임 4.
최소 단위 그룹의 변화 실행
(Team Change)

이 프로젝트의 실행 주체는 '팀'이다. 원래는 팀 내에서 대리-과장급으로 변화촉진자(Change Agent)를 선발하려 했으나, 팀장을 퍼실리테이션의 주체로 세우는 수준에서 경영진과 타협점을 찾았다. 우선 팀장 교육으로 퍼실리테이션의 내용 및 매뉴얼을 전수하고 해당 내용으로 팀에서 세미나를 운영하도록 요청하였다. 팀장이 교육에 불참하였거나 도저히 팀장이 퍼실리테이션을 하기가 어려운 팀은 저자가 직접 전수하거나 팀 세미나 운영을 대신하였다. 팀 세미나의 가장 중요한 부분은 팀 변화과제를 도출하는 것이다. 팀장과 팀원들이 합의하여 1년 동안 팀의 변화를 위해 실행해야 할 과제를 도출하였다. 팀 단위로 진행되는 내용이므로 팀에서 마음만 먹으면 즉시 실행할 수 있는 아이디어가 많이 도출되었다. 전사 단위의 혁신 아이디어를 제출하고 포상하는 시스템도 있으나, 개인 단위로 참여할 때는 자신의 아이디어가 전사 차원에서 평가받을 만한 수준인지 가늠하기 어려워

변화의 실행력

망설여질 수밖에 없다. 그러나 팀 단위에서는 개인이 그 수준을 대략 판단할 수 있으며, 즉각적으로 제시되는 팀원들의 피드백으로 가감할 수 있다. 또한 팀의 변화는 개인에게 직접 조직 변화로 인식되기 쉽다. 당장 나의 팀장님이 변화되는 일이기 때문이다.

팀 변화관리를 진행하면서 발견한 독특한 특징은 결국 퍼실리테이터 역할을 하는 사람은 팀 리더가 아니라 팀의 2인자, 즉 차기 팀장이거나 팀 내 커뮤니케이션의 브리지 역할을 해주는 이들이라는 점이다. 물론 팀장이 시켜서 하는 경우가 많지만 팀 세미나를 운영하게 되면 이들은 자연스럽게 가장 적극적으로 워크숍을 이끌어가는 주체가 된다. 초기에는 쉽고 실행하기 부담 없는 변화과제가 많이 등장하지만 시간이 지나면 중요하면서도 조직 전체에 크리티컬한 영향을 미칠 수 있는 과제들이 도출된다. 비즈니스 전체의 흐름을 보면서 각 부문을 조율하려면 전략팀의 역할이 중요할 수 있으나, 각 단위 내의 변화 과제에서는 해당 부서들이 훨씬 더 전문가이다. 따라서 자발적으로 도출된 변화의 과제들은 위에서 내려온 과제들에 비해 전문적이고 치밀한 편이다.

프레임 5.
변화관리자의 퍼실리테이턴트십
(Facilitatantship)

앞에서 제시된 네 가지 영역을 효과적으로 연결하고 안정적으로 프로젝트를 운영하려면 시스템을 고민하는 퍼실리테이턴트의 역할이 절대적으로 필요하다. 이 시스템은 문자적으로 제도나 IT System을 뜻하지만 프로젝트의 전반적인 운영을 위한 적절한 촉진제의 역할을 의미하기도 한다. 따라서 (1) 심플한 변화관리 모델 및 프로세스 제시, (2) 자율성을 촉진할 평가 시스템 구축, (3) 다각적인 퍼실리테이션 및 커뮤니케이션, (4) 외부로부터의 인정을 통한 자부심 고취 등 유연한 변화관리 프로젝트가 진행되기 위한 역할이 필요했다. 우선 다양한 수준의 많은 직원이 쉽게 인지하도록 (1) 단순한 변화관리 모델과 전반적인 프로세스를 공유하였다. 변화관리의 모델은 앞에서 언급한 변화의 4가지 영역을 제시하는 모델을 활용하였고, 연간 진행되는 프로세스에 대해 다양한 형태로 공유하였다. 특히, 매년 초에 진행하는 전사 조직 활성화 교육을 활용하여 앞으로 진행될 변화관리 프레임을 소개하고 다른 조직의 사람들과 매트릭스 작성을 연습해보는 시간을 가졌다.

직원들의 자율성을 유지하면서 '평가'라는 강제적 제도를 도입하는 것은 자칫 모순되어 보이기도 한다. 하지만 그 강제성을 제외하면, 조직에서 평가는 해당 과정과 결과들을 모니터링하고 동기를 부여하는 차원에서 불가피한 시스템이다. 따라서 (2) 직원들의 흥미를 유발하면서 서로의 변화 과정을 공유할 평가시스템을 개발하였다. 직원들은 컬처 웹 시스템을 통해 다른 팀의 프로젝트 수행 정도나 사진들을 확인하고 '좋아요' 등을 눌러 서로를 격려하고 자극을 받는다. 수행 정도에서도 스스로 체크하고 평가하는 시스템으로 직원 자율에 맡기는 방식을 고수하였다. 다만 임원들이 지속적으로 관심을 보이고 잘한 팀을 격려하도록 하여 자칫 관심도가 떨어지기 쉬운 부분들을 보완하였다.

변화관리자로서 퍼실리테이턴트십이 가장 많이 필요한 영역이 (3) 다각적인 퍼실리테이션과 커뮤니케이션의 영역이다. Bottom-up 방식의 변화를 위해서는 끊임없는 자극과 설득이 병행되어야 하기 때문이다. 변화추진팀에 속한 엑스퍼트들은 팀 변화관리 프로젝트가 진행되는 사항을 모니터링하고, 진행되지 않는 팀들을 설득하는 작업을 지속해야 했다. 더불어 경영진 및 계열사의 임원진과 끊임없이 커뮤니케이션을 진행하고 변화의 실행을 독려했다. 특히, 퍼실리테이션의 방식을 어려워하는 사업장이나 팀들을 직접 찾아다니면서 직접 혹은 간접적으로 퍼실리테이션에 대한 도움을 주었다.

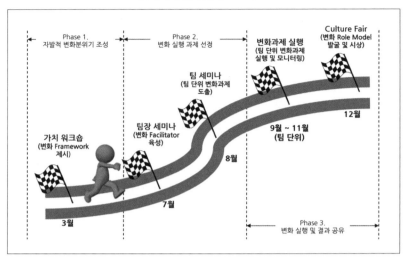

A회사의 변화관리 프로세스

Phase 1.
자발적 변화분위기 조성

Phase 2.
변화 실행 과제 선정

변화과제 실행
(팀 단위 변화과제
실행 및 모니터링)

Culture Fair
(변화 Role Model
발굴 및 시상)

팀 세미나
(팀 단위 변화과제
도출)

가치 워크숍
(변화 Framework
제시)

팀장 세미나
(변화 Facilitator
육성)

3월

7월

8월

9월 ~ 11월
(팀 단위)

12월

Phase 3.
변화 실행 및 결과 공유

2014년 12월 HR 인사이트에 기고.

변화관리 프로젝트를 조직 내부에서만 시행하면 팀이나 사업장
간의 경쟁으로만 치달을 수 있기 때문에 조직의 변화관리자는 (4) 외
부에서 객관적으로 인정받을 수 있는 연결고리를 만들어야 한다. 따
라서 외부 HR 저널(HR Insight, 월간 인사관리)에 해당 프로젝트의 이론
적 논의 및 실행을 기고하거나 외부 발표 등을 적극적으로 추진하여
조직 외부의 칭찬을 통해 조직 내부의 결속력과 자부심을 고취하는
작업을 진행하였다. 현재도 A회사는 정부기관에서 진행하는 시상식
에 응모하여 우수한 노사문화를 유지하는 회사로 수상하는 등 조직
외부에서 인정을 받아 조직 내부의 결속을 다지는 작업을 중요하게
여긴다. 이 과정에서 데이브 울리치가 HR 역할모델에서 언급한 회사

A회사의 온라인 변화관리 시스템

2014년 12월 HR 인사이트 기고.

의 외부 조직들과의 네트워킹이 중요하다. 트렌드를 파악하고 회사의 새로운 변화의 모델을 외부에 적극적으로 홍보할 기회를 제공받을 수 있기 때문이다.

조직에 깊이 있게 개입해 직원들도 이미 파트너로서 인정하는 컨설턴트가 아니라면 조직 변화관리의 퍼실리테이턴트십을 발휘하기 어렵다. 반대로 조직 내에서만 성장하여 자신의 업무 분야 이외의 역할들을 해보지 않았거나 변화관리 전문성에 대한 자신감이 부족해도 퍼실리테이턴트십을 발휘하기 어렵다. 그러나 조직 내부나 외부 상관없이 퍼실리테이턴트의 역할을 이해하고 변화관리의 본질적인 개념들을 이해한다면 누구나 발휘할 수 있는 것이 퍼실리테이턴트십이다. 루소(Jean-Jacques Rousseau)는 그의 유명한 저서 『사회계약론(Du Contrat social)』의 첫 문장을 이렇게 시작한다.

"인간은 본래 자유인으로 태어났다. 그런데 그는 어디서나 쇠사슬에 묶여 있다."[29]

변화는 '개인의 자유'와 자신의 '자유의지'가 더 많이 발휘되는 방향으로 끊임없이 발생한다. 잠시 간의 효율성을 위해 만들어진 체계는 '절대적 가치'가 아니라 시간이 지나면 변경되어야 하는 임시 '계약'이다. 왕과 귀족이 백성을 대신해 결정해 주었던 속박의 사슬을 18세기 산업혁명 시대에 끊었다면, 21세기 4차 산업혁명 시대에 우리가 끊어야 할 속박의 사슬은 무엇일까.

스타트업 액셀러레이터는 어떻게 적용하나요?

액셀러레이터의 퍼실리테이턴트십은
스타트업이나 중소기업이 건강한 조직으로
빠르게 성장하도록 돕는 데 있다.

스타트업
액셀러레이터는
어떤 사람인가요?

4차 산업혁명이 가속화되면서 새로운 기술을 가지고 창업하려는 사람들이 늘고 있다. 창업하는 데는 기본적으로 여러 가지가 필요하다. 비즈니스 모델, 자본, 팀 구성, 경영관리, 기술특허 등 다양하고 복잡한 이슈가 창업자 앞에 쏟아진다. 액셀러레이터는 이들 스타트업이 자신의 상품이나 비즈니스 모델을 빠르게 사업화하도록 돕는 사람들을 말한다. 그 중에서도 스타트업이 대체로 액셀러레이터에게 기대하는 것은 자본이다. 이제 막 창업하려는 사람들 대부분이 돈만 있으면 스스로 창업에 성공할 수 있다는 자신감으로 출발한다. 액셀러레이팅 프로그램에서 투자 기회를 얻으려는 스타트업이 많다. 이러한 수요로 인해 액셀러레이터는 기본적으로 투자했을 때 성공할 스타트업을 찾아 인큐베이팅하려는 경향이 있다. 그러나 이미 어느 정도 성장한 스타트업을 키우는 식의 액셀러레이팅 프로그램이 주류가 되면, 결국 도전적인 초기 단계의 스타트업을 발굴하여 창업 생태계의

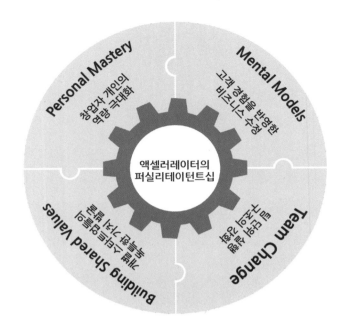

저변을 넓히는 활동은 요원할 수밖에 없다.

2015년 글로벌 기업가정신 생태계 지수를 살펴보면, 한국은 글로벌 평균에 훨씬 못 미치는 것으로 나타났다. 즉, 이미 창업하겠다고 마음먹은 사람들을 활용해 유니콘 기업을 만드는 것이 핵심이 아니라, 창업 교육이 전무한 정규 교육과정을 개편하고, 창업을 두려워하는 사람들이 실패해도 다시 도전할 사회적 안전망을 만들며, 다양한 창업 시뮬레이션으로 실제 창업 환경에서도 자연스럽게 적용이 가능한 시스템을 구축하는 작업이 더 중요하다. 액셀러레이터는 이러한 창업 생태계를 만드는 데 기여하고 사회적으로 이 시스템이 긍정적으로 운영되도록 도와야 한다. 액셀러레이터가 커다란 성장을 담보

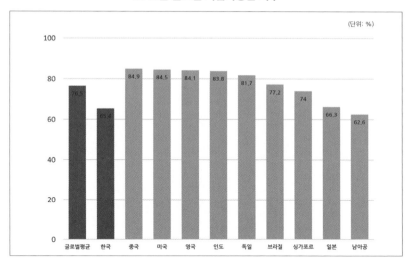

2015년 글로벌 기업가정신 지수

(단위: %)

글로벌평균 76.5 · 한국 65.4 · 중국 84.9 · 미국 84.5 · 영국 84.1 · 인도 83.8 · 독일 81.7 · 브라질 77.2 · 싱가포르 74 · 일본 66.3 · 남아공 62.6

한국이 65.4%로 다른 나라 글로벌 평균 대비 현저히 낮음을 알 수 있다.

할 수 있는 유니콘 기업만을 키우는 것이 아니라 젊은 청년들에게 스타트업에 대한 관심을 불어 넣고 실질적인 도움을 주려면 어떻게 해야 할까?

B 스타트업에
대한
액셀러레이팅

저자는 변화관리 컨설팅과 병행해 영국에서 창업한 경험과 그 동안의 컨설팅 노하우를 살려 대학생 글로벌 창업교육을 진행하고 있다. 저자가 수학한 영국뿐만 아니라 유럽 여러 나라, 미국과 중국 등 세계의 대학들은 서로 앞다투어 창업이라는 콘셉트를 가지고 교육시스템을 변경하고 있는데, 한국은 아직도 대기업 취업이나 공무원 시험 준비를 핵심으로 대학교육이 흘러가는 데 문제의식을 느끼며 시작하였다. 앞에서 언급했듯이 투자를 기반으로 한 액셀러레이터의 문제점을 개선하고, 창조경제라는 명목으로 시행했던 과거 정부의 무책임한 창업사업의 폐해를 답습하지 않도록 먼저 창업 교육의 내실을 다지기로 하였다. 우선 대학생이 창업을 대학이라는 울타리 안에서 자유롭게 시도하는 환경을 만들고자 S 대학과 파트너십을 맺고 글로벌 엔터프리너십 프로그램(Global Entrepreneurship Programme)을 영국과 한국에서 론칭하였다. 영국에서 함께 창업 과정을 진행했던 다른 창업가들과 뜻을 모아 '창업가들이 멘토링하는 창업교육'을 콘셉트로 하였고, 국내 프로그램과 해외 프로그램들의 장점을 살려 교육과정을 디자인하였다. 특히, 취업교육과 창업교육이 분리되어 운영되는 교육 환경의 현실을 개선하려고 창업교육 내에 취업교육을 병행하는 통합과정으로 운영하였다. 해당 창업교육을 진행하는 과정에서 발굴한 B 스타트업팀을 예로 퍼실리테이턴트십을 소개하고자 한다.

프레임 1.
개인 강점과 역할 명확화를 통한
동기부여 (Personal Mastery)

보통 창업팀의 아이디어들이 개인의 강점에서 출발하지 못하는 경우가 많다. 즉, 자신이 관심 있거나 잘하는 분야가 아니라 기술적인 분야에만 집중하다 보니, 그저 상상에 기반한 발명 수준의 아이디어를 가지고 공모전에만 연연하거나, 돈이 잘 벌릴 것 같은 느낌의 아이디어에 그치는 것이다. 이런 아이디어를 평가 절하하려는 것이 아니라 실행 단계에서 필연적으로 다양한 장애를 만나는 창업의 과정에서는, 아이디어를 뒷받침할 개인의 강점이나 열정이 없으면 창업 자체를 포기하거나 자신의 상품에 회의감을 느낄 가능성이 높으니 해당 아이디어가 개인의 관심사나 강점과 깊이 있게 연결되는 것은 중요하다.

프로그램을 진행하기 전 창업을 원하는 학생 16명을 모집해 아이디어 오디션을 진행하여, 개인이 얼마나 고민하여 아이디어를 준비했는지, 아이디어를 실행하기 위한 어떤 강점들이 있는지 등을 판단

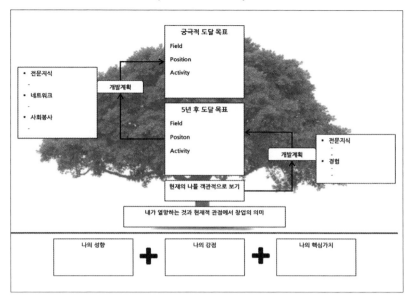

G-Squares의 LifeMap 그리기

개인의 인생 전체에서 창업이 의미 있는 과정이 되려면 단지 돈을 버는 수단으로서가 아니라 개인의 강점과 커리어를 강화하는 과정으로 창업을 생각하도록 해야 한다.

해 4개의 아이디어를 선정하여 팀을 구성하였다. 4개 팀 중 하나로 선정된 B팀의 초기 아이디어는 주인이 불가피하게 반려동물을 혼자 두어야 하는 상황에서 반려동물을 맡아주는 '펫시팅(Pet sitting) 공유 서비스'였다. 우선 아이디어를 발의한 개인이 반려동물을 키운 경험이 있는지, 일상에서 얼마나 오랫동안 해당 문제를 고민해 왔는지 확인했다. 아이디어가 채택되지 못한 학생들과 일대일로 상담하여 반려동물 선호여부와 전공 배분을 고려해 팀을 추천하였다.

팀 빌딩 이후 프로그램 초기 팀원들의 강점을 진단하여 팀 내에서 본인 스스로 어떤 역할을 해야 할지 고민하도록 유도했다. 특히, 위 그림처럼 스스로 개인의 인생 전체를 맵핑하여 자신의 커리어를 강화하는 관점에서 창업을 고민하도록 했다. 대표, 재무, R&D, 마케팅의 네 가지 영역으로 나누어 각자의 역할(직무)에 맞도록 일반 기업에서 하는 업무 수준의 미션을 부여하였고, 개인별 직함이 포함된 명함을 제작해 주어 프로페셔널로서의 책임을 가지도록 하였다. 심지어 첫 피칭(Pitching)에서 B팀은 대표가 발표를 하였으나, 팀의 제품과 분위기를 살리려면 마케팅을 담당하는 팀원의 강점이 발표에 더 적합하다는 데 협의하여 마지막 피칭 전략을 변경하였다. 결과적으로 B팀이 우승을 차지하였다.

변화의 실행력

프레임 2.
고객 경험을 반영한
비즈니스 수정 (Mental Models)

초기 스타트업들에 가장 중요한 과정은 고객과의 대면으로 자신의 상품 및 서비스에 대한 반응을 확인하고 이에 맞춰 비즈니스 모델을 수정하는 것이다. 린(Lean) 스타트업 모델[30]이나 구글의 스프린트 프로세스 등 모든 신규 비즈니스 창출을 위한 프로세스에서 강조하는 부분이 실제 고객과의 만남이다. 비즈니스 모델링을 거친 서비스나 상품으로 빠른 시간 내에 프로토타입을 만들고 이를 고객에게 제시함으로써 고객의 반응을 데이터화해 바로 수정 작업을 거치는 것이다. 해당 과정을 거치면서 대부분의 창업팀이 자신의 비즈니스 모델을 수정하게 된다.

B팀을 멘토링 하는 과정에서 해당 서비스를 프로토타이핑하여 고객들을 직접 만나도록 독려하였다. 그래서 B팀은 반려동물 샵에 방문하는 고객들을 길거리에서 직접 접촉하거나, 반려동물이 있는 고객들을 연락해 찾아다니면서 자신들의 아이템을 소개하고 고객의 반

응을 모니터링하였다. 그 과정에서 반려동물 주인들에게 펫시팅 공유서비스에 대해 여러 가지 해결하기 어려운 부정적인 이슈가 있음을 확인하였으나, 대신 부가서비스로 생각했던 '펫박스 구독서비스'가 훨씬 고객에게 매력적인 서비스라는 결론을 도출해냈다. B팀은 고객과의 인터뷰 이후 비즈니스 모델의 방향을 펫박스 구독서비스로 선회하였고, 고객이 원하는 상품과 서비스를 펫박스에 연계하여 제공하기로 결정하였다. B팀이 고객들을 만나면서 얻은 유익은 비즈니스 모델의 문제점을 개선한 것만은 아니었다. 고객들을 만나 자신들의 비즈니스를 소개하는 과정에서 아이템에 대한 자부심과 서비스에 대한 책임감을 가질 수 있었다.

변화의 실행력

프레임3.
개별 스타트업들의 독특한
가치 발굴 (Building Shared Values)

많은 스타트업 기업과 액셀러레이터가 간과하는 부분이 기업의 '철학적 가치'–경제적 가치가 아닌–를 발굴하는 것이다. 대부분 초기 창업기업의 가치는 창업자의 마인드나 의도라고 생각하거나, 기업이 성장한 이후에 논의할 문제로 치부하는 경향이 있다. 그러나 초기 창업기업일수록 기업의 가치를 명확히 하지 않으면 팀원들을 독려하기에 어려움을 겪을 수 있다. 왜냐하면 창업기업의 특성상 현재 눈에 보이는 금전적인 이득을 통해 동기유발을 하기가 어렵고, 필요에 따라 갑작스럽게 팀원들을 스카우트를 하는 경우가 많기 때문에 처음부터 가치를 분명히 하여 공유하지 않으면 함께 일을 해 나가기 어렵다. 따라서 추후 변하게 되더라도 창업팀이 추구하는 업의 가치나 일하는 방식 등을 창업 초기에 정리해 놓는 작업은 중요하다. 프로그램에 참여한 창업팀들은 지스퀘어스의 가치 모델인 'Square P'를 활용해 각 팀만의 가치를 발굴했다. 아래 그림은 B팀이 만든 독특한 가치

B팀이 도출한 Square P

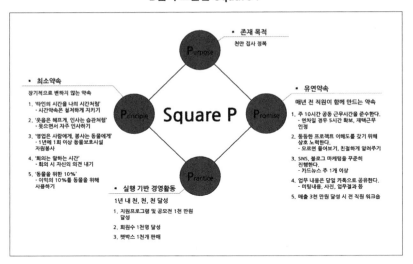

- **최소약속**
장기적으로 변하지 않는 약속

1. '타인의 시간을 나의 시간처럼'
    - 시간약속은 철저하게 지키기
2. '웃음은 헤프게, 인사는 습관처럼'
    - 웃으면서 자주 인사하기
3. '영업은 사람에게, 봉사는 동물에게'
    - 1년에 1회 이상 동물보호시설 자원봉사
4. '회의는 말하는 시간'
    - 회의 시 자신의 의견 내기
5. '동물을 위한 10%'
    - 이익의 10%를 동물을 위해 사용하기

- **존재 목적**
천만 집사 정복

- **유연약속**
매년 전 직원이 함께 만드는 약속

1. 주 10시간 공동 근무시간을 준수한다.
    - 연차일 경우 5시간 확보, 재택근무 인정
2. 동등한 프로젝트 이해도를 갖기 위해 상호 노력한다.
    - 모르면 들어보기, 친절하게 알려주기
3. SNS, 블로그 마케팅을 꾸준히 진행한다.
    - 카드뉴스 주 1개 이상
4. 업무 내용은 당일 카톡으로 공유한다.
    - 미팅내용, 사진, 업무결과 등
5. 매출 3천 만원 달성 시 전 직원 워크숍

- **실행 기반 경영활동**
1년 내 천, 천, 천 달성

1. 지원프로그램 및 공모전 1천 만원 달성
2. 회원수 1천명 달성
3. 펫박스 1천개 판매

반려동물 스타트업 및 학생 창업에 맞도록 가치체계를 도출하였다.

체계이다.

프레임 4.
팀 시너지 강화
(Team Change)

2017년 포브스가 발표한 내용에 따르면 스타트업의 90%가 실패하는데 그 이유 중 3위가 바로 '팀원의 구성(Not The Right Team)' 문제이다. 실패하는 스타트업의 23%가 팀 빌딩 문제로 문을 닫게 된다는 것이다.[31] 스타트업이 실패하는 원인 1위는 '시장성 부족(No Market Need)'로 42%, 2위는 '현금 부족(Run Out of Cash)'으로 29%로 나타났는데, 이 두 가지 원인은 시장분석이나 회사운영 측면에서 해소될 수 있지만, 사람으로 인한 문제는 알더라도 쉽게 해결하기 어려운 만큼 초기 팀 빌딩이 중요하다. 특히, 처음부터 급여를 주고 고용할 수 없는 스타트업의 여건과 팀원들이 취업이나 진학 등 다른 커리어 개발로 빈번하게 이탈하는 상황을 고려하면 팀원의 구성이 창업 과정의 80% 이상을 차지한다고 해도 과언이 아니다.

창업팀의 구성에서 우선되어야 하는 것은 단연 '창업에 대한 의지'이다. 따라서 친한 사람들과 함께 하기보다 창업 의지가 있는 사람 중에 팀원을 선정하는 것이 더 효과적이다. 창업 교육 프로그램에서 만나는 청년들은 창업을 준비하는 일정 기간에 자신의 팀원들과 다른 팀의 팀원들을 경험하고 관찰하게 된다. 1~2개월이라는 긴 시간 동안 사람을 경험하면서 이탈하는 인원과 필요한 인원, 함께 하고 싶은 인원들이 자율적으로 선별된다. B팀의 경우 프로그램 기간 중 개인적인 이유로 갑작스럽게 재무를 담당한 팀원이 이탈하여 당황스러운 상황이 발생하였다. 그러나 덕분에 다른 팀으로 프로그램에 참여하였으나 이후에 실질적 창업 단계로 실행되지 않은 팀원 중에서 디자이너 한 명을 스카우트했다. 그뿐 아니라, 프로그램을 진행하면서 신뢰 관계를 쌓은 팀원과 공동대표 체제로 책임과 역할을 구조에 맞게 재편하였다.

변화의 실행력

프레임 5.
액셀러레이터의 퍼실리테이턴트십
(Facilitatantship)

위에서 언급한 네 가지 영역이 유기적으로 돌아가게 하려면 추가적인 노력이 필요했다. (1) 비즈니스 모델 워크숍, (2) 다양한 형태의 평가, (3) 단계별 지원, (4) 네트워킹 등이 그것이다. 우선 실행 가능한 형태의 (1) 비즈니스 모델을 구축하도록 돕는다. 비즈니스 모델 자체는 창업팀이 구축하지만 단계적으로 가이드 하거나 워크숍을 진행하는 동안 옆에서 지속적으로 토론 파트너를 해주는 일이 중요하다. 특히, 비즈니스를 경험해 보지 못한 청년들이 주눅 들지 않도록 그들의 아이디어를 잘 살려주면서 실행 가능한 형태로 유도하는 균형 잡힌 퍼실리테이션이 필요하다. 또한 초기에 여러 명의 멘토를 투입하여 혼란스럽더라도 다양한 관점에서 피드백을 받도록 하여, 창업팀 스스로 비즈니스의 논리적 뼈대를 만들고 방어할 수 있는 데이터를 준비하도록 유도한다. 비즈니스 모델 캔버스의 우수성은 몰랐던 지식을 알게 해주는 데 있는 것이 아니라 이미 알던 요소들을 시스템적으로 고민하여 사업을 실행하도록 돕는 데 있다. B팀은 한 달 동안 서너 차례 캔버스 수정이 있었다. 프로그램이 진행되는 1개월 내내 자신들의 캔버스를 벽에 붙여 놓고 수정하다 보니 비즈니스 모델이 점차 구체화되고 실행의 영역들이 확대되었다.

다음은 (2) 다양한 형태의 평가이다. 평가를 위한 가장 중요한 출발점은 '평가 목적'이다. 보통 공모전이나 창업경진대회, 다양한 정부 지원사업에서 평가는 '선발'에 목적을 두기 때문에 각 창업팀의 '성장'이나 '발굴'에서는 해당 평가방식이 적합하지 않은 경우가 대부분이다. 저자는 HR 분야의 컨설턴트로서, 또 창업자로서 그동안 축적된 노하우를 기반으로 필수적인 평가 영역들에 대한 프레임을 만들고 다양한 평가 방식(반응 평가, 팀 평가, 개인 향상도 진단, 데모 데이 평가 등)으로 향상도를 측정했다. 이 평가의 목적은 초기 창업자의 '성장'과 '발굴'에 있으므로 팀과 개인이 과거와 현재 어떤 영역에서 어떤 수준으로 달라졌는지 판단하게 해주는 것이 중요하다. 최종 우승팀의 선발은 데모 데이 당일 참석한 청중(고객)이 직접 선택하도록 맡기면 된다. 평가자가 판단하게 하면 오히려 평가의 공정성이 문제가 되거나 평가자의 특정 관점에 따라 편향된 평가가 이루어지기 쉽기 때문이다.

잘 알려져 있듯이 (3) 단계적 창업 지원 과정에서 생기는 문제점은 다양하다. 그 중 가장 많은 지원 분야가 '공간 지원'과 '자금 지원'이다. 공간 지원의 경우, 제조업 기반이 아니라면 업무 공간 자체의 지원은 크게 매력적이지 않다. 초기 창업팀은 커피숍이나 집, 학교 등 자유롭게 사용할 다른 업무 공간도 많기 때문이다. 특히, 적은 금액이

변화의 실행력

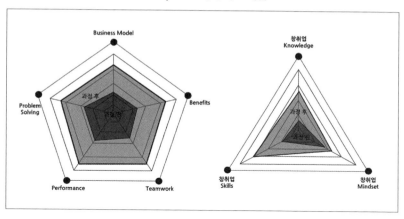

창업팀에 대한 다중 멘토 평가와 개인에 대한 자가진단 및 멘토 평가를 적절하게 활용하여 스스로에 대한 수준 진단과 동기부여가 가능하도록 했다.

라도 임대료를 받으려는 경우 초기에는 무료라도 매월 고정비를 내야 하는 창업팀에게는 장기적으로 부담이 될 수밖에 없다. 때문에 공간 지원은 다른 창업팀과의 시너지 및 협업에 초점을 맞추어야 한다. 현재 우리나라 비즈니스 센터들이 1~5인 사무실의 형태로 제공하는 비즈니스 공간은 창업팀을 서로 격리하는 공간 구조가 많다. 따라서 공간 자체의 지원보다는 공간을 함께 사용하는 창업팀 간의 시너지를 확보할 이벤트가 지속적으로 유지되는 것이 중요하다. 자금 지원의 경우, 창업팀에게 직접 지원하면 사용에 문제가 발생하거나 기관이 사용처를 일일이 통제하면 창업팀이 필요한 곳에 빠르게 사용하지 못해 실질적인 도움이 되지 못하는 사례가 많다. 특히, 정부자금이라면 제출해야 하는 보고서의 양 때문에 창업활동보다 보고서를 작성하는 데 할애하는 시간이 더 길어지기도 한다. 프로그램을 진행하는 1개월 동안 B팀은 프로그램에 참여한 다른 창업팀과 공간을 함께 사용하는 오픈 스페이스를 활용하였고, 데모 데이 우승 이후 추가 3개월 동안 코워킹 스페이스에 업무데스크를 무료로 지원하였다. 해당 기간에는 코워킹 스페이스에 있는 다른 창업기업과의 커뮤니티 형성을 유도하였고, 선배 창업가들에게 필요한 기술들을 전수 받기도 했다. 학생들이라서 재무 관리가 어려운 점을 감안하여 프로그램 기간에 소액을 제공해 공금을 활용하는 훈련을 하였고, 추가 3개월 동안에는 조금 더 많은 금액을 지스퀘어스의 법인카드로 활용하도록 지원하였다.

단계별 지원과 연계하여 병행되어야 하는 부분이 (4) 네트워킹이다. 성공한 스타트업 대표의 강연을 듣게 하거나 명함을 주고받는 수준의 낮은 단계 네트워킹은 초기 스타트업에게 의미 있는 네트워킹이 아닐 가능성이 높다. 스타트업에는 정답이 없고 앞선 모델을 따라가기엔 이미 대부분 레드 오션이다. 롤 모델의 사례를 강연하고, 질의응답을 받는 수준의 네트워크는 인사이트를 얻기 위한 몇 번의 특강 수준으로 충분하다. 실제 경험한 바로는 오히려 한두 걸음 정도 앞서 있는 선배로, 스타트업 후배들을 육성하고자 하는 마인드가 있는 멘토를 연결시켜주어 지속적인 관계를 유지해 나가게 하는 것이 장기적으로 도움 되는 네트워킹이었다. B팀은 창업 프로그램 중 만난 멘토들과 지속적인 네트워킹을 가지면서 도움을 받고 있다. 멘토들은 사업과 관련된 파트너 및 고객들을 소개해 주는 것과 더불어 당장

1~2년 전에 경험한 스타트업 초기의 어려움을 이해하고 도움을 주고 있다. 또한 스타트업 입장에서도 너무 멀게 보이는 성공한 창업가들보다 이들이 훨씬 자극이 되는 롤 모델이다. 그뿐 아니라 매월 각종 공연 및 강연과 병행하는 스타트업 문화행사로 스타트업들을 연결하고 서로 간의 시너지를 내도록 지원하고 있다.

4차 산업혁명시대에서 '창업'은, 새로운 산업사회 및 새로운 세대로 전환하는 과정에서 필수적인 과제이다. 창업을 단순히 취업률을 높이는 도구나 특별한 개인만 할 수 있는 특혜 수준으로 인지하는 것은 세계적인 변화 트렌드에 뒤처지는 사고방식일 수밖에 없다. 다른 나라 청년들은 미래의 스티브 잡스와 마윈을 꿈꾸는데, 우리나라 청년들은 미래의 공무원이나 대기업 직원, 건물주 등 안정적인 직업만을 꿈꾸도록 하는 것은 분명 지금 세대의 책임이다. 따라서 기업가정신에 대한 사회적 무게감을 인지하고 창업의 생태계를 만들어, 도전과 실패가 용인되는 사회적 안전망을 구축하는 것이 현재 우리 사회의 급선무이다. 무엇보다 지금의 과도기적 상황을 이해하고 변화의 과정을 퍼실리테이팅 해줄 수 있는 퍼실리테이턴트가 필요하다.

정치
컨설턴트는
어떻게
적용하나요?

정치 컨설턴트의 퍼실리테이턴트십은 일반
시민이 합법적이고 효율적으로 시민의 대표직을
수행하도록 돕는 데 있다.

미드 웨스트윙과
정치 컨설턴트

오랫동안 사랑받았던 미국 드라마 '웨스트윙(West Wing)'은 미국 민주당의 진보적 정치를 추구하는 인물들을 주인공으로 하여 스토리를 전개한 정치 드라마이다. 대통령 제드 바틀렛으로 등장하는 마틴 쉰은 권위주의와 독선 없이 주변 인물의 의견을 청취하며 국정을 리드해 가는 인물이다. 그러나 드라마를 보다 보면 더욱 흥미진진한 인물은 따로 있다. 대통령과 절친으로 오랫동안 대통령을 보좌하면서도 때때로 어떤 분야에서는 대통령과 첨예한 의견 대립을 서슴지 않는 비서실장 리오 맥게리, 할리우드 영화사 홍보담당을 하다가 여성 인권보호에 대한 강한 가치를 지니고 백악관 수석대변인이 된 C. J. 크레그, 바틀렛 행정부의 비서실 차장이었다가 후에 차기 대통령감을 스스로 선택해 당선시킨 조쉬 라이먼, 고액 연봉을 받던 변호사였지만 클라이언트에게 비윤리적 행위를 하라고 컨설팅해야 하는 상황에 자리를 박차고 뛰어나가 백악관 공보 부수석이 된 샘 시본, 독실한

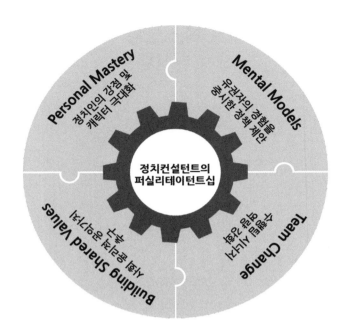

유대교 신자로 도덕적인 문제에서는 고지식하리만치 원칙을 고수하는 토비 지글러, 공화당원이면서 민주당 행정부의 법률 고문이 된 에인즐리 헤이스, 청각장애인이지만 여론조사에서만큼은 최고의 컨설턴트인 조이 루카스 등 각 분야의 전문가이면서 각자 분명한 주관과 가치를 가지고 대통령을 보좌하는 이들이 그 주인공이다. 우리는 이들을 보좌진이라 부르지만 정치의 더 큰 영역에서 '정치 컨설턴트'라고 볼 수 있다.

물론 제도권 밖에서 직업으로 컨설팅하는 정치 컨설턴트도 존재한다. 그러나 '원칙적으로' 정치인은 직업이기보다는 일반 국민 중에 대표로 임기를 한정하여 선출되는 사람이고 정치권에서 오랫동안

변화의 실행력

정치 생리를 익혀오거나 정치권의 일반적인 업무 프로세스를 잘 아는 사람들은 아니라는 전제하에, 전문 컨설턴트에 의한 컨설팅이 필요하다는 합의가 있는 것이다. 이런 관점에서 정치인의 보좌진은 정치인에게 고용된 게 아니라 국민에게 고용되어 국민의 대표인 정치인에게 서비스하는 정치 컨설턴트이다. 따라서 정치 컨설턴트로서의 보좌진은 각자의 주관과 가치를 지니고 정치인이 공적 가치를 위배하지 않으면서 정치인 본연의 커리어를 살려 짧은 임기 동안 효율적으로 공직을 수행하도록 컨설팅하는 일이 중요하다. 이 장에서는 정치 컨설턴트의 한 분야이자 최일선이라 할 수 있는 국회 보좌관과의 인터뷰를 통해 정치 컨설팅 영역에서는 어떻게 퍼실리테이턴트십이 발휘될 수 있는지 살펴보겠다.

현직 국회
보좌관의 눈으로
보기

　이동윤 보좌관은 국회에서 근 10년 동안 국회의원 보좌진으로 활동했으며, 최근에는 국회의장 표창을 받는 등 우수 보좌관으로 국회에서 잔뼈가 굵은 사람이다. 그 동안 6개의 상임위원회를 겪었으며, 4명의 국회의원과 일한 경험이 있다. 현재는 외교통일위원회 소속 국회의원의 보좌관을 맡고 있다. 현재 국회의원의 보좌진은 총 9명으로 구성된다. 4급 보좌관 2명, 5급 비서관 2명, 6, 7, 8, 9급 비서 각 1명, 그리고 인턴 1명이 각 국회의원실 보좌진으로 일하고 있다. 이들 보좌진은 공무원이지만 정년이 보장되지 않는 별정직 공무원으로, 국회의원의 임기나 상황에 따라 언제든지 직장을 그만두어야 하는 불안정한 계약직이다. 따라서 자신의 생사여탈권을 쥔 국회의원에게 종속되다시피 하여 자신의 목소리를 제대로 내지 못하는 보좌진이 적지 않다. 그러나 이동윤 보좌관은 보좌진과 국회의원은 상명하복식 주종관계가 아닌 일종의 '파트너 관계'여야 한다고 생각을 밝혔

　　　　　　　　　　　　　변화의 실행력

다. 국회의원이 국민의 대표로 임명한 기간에 효율적으로 의정활동을 잘 수행하도록 입법부의 프로세스와 시스템을 잘 아는 전문가로서 돕는 역할을 한다는 것이다. 따라서 국회의원이 윤리적으로, 또 공익적으로 문제가 있는 행동을 하면 자신의 생계를 포기하게 되더라도 이를 제지해야 할 의무가 있다고 이야기한다. 인터뷰에서는 이동윤 보좌관이 일했던 국회의원들의 이름을 밝히지는 않겠다.

프레임 1.
정치인의 강점 및 캐릭터 극대화
(Personal Mastery)

어쨌든 국회의원의 성향과 커리어를 기반으로 의원실의 활동과 보좌진의 역할이 결정된다고 해도 과언이 아니다. 이동윤 보좌관의 말에 따르면 보좌진은 의원이 무엇을 중요하게 생각하는지를 파악해서 그것을 부각하는 방향으로 일을 추진한다.

"의원이 무엇을 중요시하는지를 빠르게 파악하는 것이 중요해요. 법을 많이 만드는 일을 중요하게 생각하는 의원이라면 법안을 많이 만드는 데 중점을 두어 일하고, 핵심적인 법안에만 집중하는 의원이라면 굵직한 법안을 찾아 발의하는 데 중점을 두고 일하죠. 또 의원들의 경력을 파악해서 포럼을 열거나, SNS, 인터뷰, 기고 등 의원의 의정활동을 홍보하고 또 강화할 여러 활동을 병행합니다. 만약 의원이 관심을 두는 분야를 제가 잘 모른다면 공부해야 합니다. 필요에 따라서는 관련 전문가와 정부부처의 의견도 듣고, 다른 의원실 보좌진과도 같이 모여 공부하기도 합니다.

변화의 실행력

특히, 의원이 어떤 분야의 전문가인지에 따라 소속 상임위원회가 결정되기도 하는데, 상임위원회 활동을 제대로 보좌하려면 보좌진은 많은 공부가 필요하죠. 저는 전공이 정치외교라서 외교통일위원회가 그나마 전문 분야이지만, 함께 일하는 의원에 따라 국방위원회, 국토교통위원회, 과학기술방송통신위원회, 운영위원회, 정보위원회 등 다양한 상임위원회를 경험했어요. 과방위(과학기술방송통신위원회)를 할 때는 고교 졸업 이후 처음으로 주기율표를 다시 접하는 등 과학기술 분야를 다시 공부하느라 진땀을 빼기도 했죠."

정치인의 강점과 캐릭터를 가장 부각해야 하는 때는 선거 기간이라고 한다.

"선거 때는 특히나 다른 정치인과 차별화되는 모습을 보여주기 위한 노력을 많이 해요. 한 예로, 한 지역구 선거에 의원이 출마했을 때, 선거기간 이전부터 의원의 이미지를 중앙정치에서 영향력이 있는 인물이자 지역발전에 이바지할 수 있다는 점을 강조해 왔고, 이것을 부각하기 위해 '힘'이라는 키워드로 이미지메이킹을 해왔습니다. 의원의 '추진력'이나 '협상력' 등을 드러내고 의정보고서에도 강한 인상의 이미지를 넣어 캐릭터의 특정 부분을 강화했어요. 그리고 선거공보물은 의원의 의정활동 결과와 지역발전에 이런 성과들을 냈다는 사실을 숫자와 사진 등으로 일목요연하게 정리해 노출했죠. 물론 이미지는 그 동안 해당 의원에게 있던 강점을 기반으로 해야 합니다. 없는 것을 있는 것처럼 포장하려 하다가는 오히려 위화감만 생기죠."

2017년 대통령 선거에서 안철수 후보가 이미지 변신을 꾀하며 연설할 때 목소리 톤을 바꾸는 등 강인한 이미지를 보여주려고 노력했지만, 일각에서는 오히려 원래 본인의 이미지와 맞지 않아 위화감만 조성했다는 비판의 목소리가 컸다. 또한 TV 토론회에서는 여전히 기존 안철수 후보의 이미지를 탈피하지 못해 변화를 주려면 내적인 변화와 외적인 변화를 다 가져가야지 겉모습만 바꿔 유권자를 기만하려 한다는 비판도 있었다. 즉, 변화를 하더라도 그 출발은 개인이 가진 강점에서 시작해야 효과적이다. 정치 컨설팅이 가장 중요해지는 시기는 선거철이다. 이전부터 미리 후보자의 강점을 준비하는 작업도 필요하지만, 그 동안 후보자에게 내재되어 있는 강점들이 무엇인지 명확하게 파악하고, 그것을 자연스럽게 부각할 방식들을 찾는 일이 주요하다.

변화의 실행력

프레임 2.
유권자의 경험과 니즈를 중시한
정책기획 (Mental Models)

이동윤 보좌관은 국회를 일종의 사회적 '병원'이라고 표현한다. 병원은 '육체적으로 아픈 사람들이 오지만, 국회는 사회적으로 아픈 사람들이 온다'는 것이다. 그러면서 국민의 어려움을 듣고 그것이 공익이나 법적으로 문제가 되지 않는지를 검토해, 법안이나 정책, 예산 등의 방법으로 그 문제를 해결해 주는 역할을 한다며, 그래서 늘 국민들의 소리에 귀 기울여야 한다고 말한다.

"예전에 친한 의사 선생님 한 분이 세미나가 있어 국회에 오신 적이 있는데, 국회에 처음 와보셨다면서 저에게 '국회에 이렇게 많고 다양한 사람이 오는 줄 몰랐다'고 하시더라구요. 그래서 제가 그랬죠. 국회도 병원과 똑같습니다. 사회적으로 무언가 부족하고 어렵고 아픈 사람들이 오는 곳이죠. 직접 오시는 분도 있고, 의원실로 전화하거나 홈페이지, SNS 등 인터넷으로 의견을 제시하시는 분도 많습니다. 그밖에도 토론회나 세미나,

언론 등을 통해서도 수없이 많은 사회적 문제가 쏟아져 들어옵니다. 우리는 이처럼 다양한 민원이 법이나 정책 상 문제가 없는지를 따져보고 이런 문제들을 공적인 방식, 즉, 입법이나 정책, 예산 등으로 해소할 수 있게 노력합니다."

이 보좌관은 '보좌진 역시 국민의 경험을 가지고, 국민의 눈높이에서 문제를 해소하기 위해 노력해야 한다'고 역설한다.

"저희 보좌진도 국민입니다. 우리가 몰랐던 건 국민도 몰랐다고 생각하고 업무를 해요. 예를 들어, '장기수선충당금'이라는 제도가 있어요. 아파트 시설 등의 교체나 보수를 위해 매월 일정 금액을 적립하는 제도이죠. 그래서 보통 임차인이 집주인 대신 매월 관리비와 함께 지불해요. 그런데 대부분은 돈을 내면서도 이런 사실을 모르고 있죠. 그래서 임차인이 돈을 내면서 나중에 집주인에게 받을 수 있다는 내용이 잘 알려지도록 관리주체가 관리비 고지 시 해당내용을 고지하게 하고 또 추후 집주인이 장기수선충당금을 임차인에게 '지급하여야 한다'고 명시한 「주택법 일부 개정법률안」을 발의했어요. 우리가 모르면 일반 국민도 모를 가능성이 많다고 생각한 데서 출발해 개정안을 만들었죠. 선거 공약을 만들 때도 마찬가지입니다. 국민의 눈높이에서 상식을 기반으로 만들지 않으면, 공감되지도 않고 그 지역의 실질적인 문제도 해결되지 않을 가능성이 높아요. 한 번은 선거 공약에 '전통시장을 포함한 관광벨트'를 만드는 정책을 넣은 적이 있죠. 지역 주민에겐 지속적으로 지역 전통시장을 활성화하려

변화의 실행력

는 니즈가 있었습니다. 그런데 여러 정책이 실질적 효과를 보지 못한 상태였죠. 그래서 저희가 생각한 것은 외국인이 서울로 관광을 많이 오니까 관광 코스에 전통시장을 넣어 활성화하는 방법이었습니다. 보통은 문화유적지만 관광하고 가는데, 전통시장을 재미 요소로 포함했던 거죠."

프레임 3.
사회 윤리적 공익 가치 추구
(Building Shared Values)

정치 컨설턴트에게 가장 중요한 요소가 이 부분이다. 권력이 있고, 그 권력을 개인의 이익을 추구하는 데 이용할 수 있기 때문이다. 다른 퍼실리테이턴트가 좀 더 개별 조직의 가치 공유에 집중했다면 정치 컨설턴트는 사회 윤리적 공익 가치를 추구하고 공유하는 데 집중해야 한다. 기본적으로 보좌진 역시 공무원이므로 윤리강령을 준수한다. 국회에도 '국회공무원행동강령'이 별도로 마련되어 있다. 그러나 정치인의 보좌진은 사회적으로 좀 더 높은 수준의 가치와 의식이 요구된다. 정치인과 일하는 최일선에서 그들의 불법 혹은 비윤리적 행위가 일어나지 않도록 보좌해야 하기 때문이다. 이런 측면에서, 이동윤 보좌관은 정치인과 보좌진을 '유리 권력'이라고 표현한다.

"저는 국회의원과 국회의원을 도와 일하는 보좌진이 가진 권한을 '유리 권력'이라고 표현합니다. 유리는 투명해야 하고, 쉽게 깨질 수 있으며 날

변화의 실행력

카롭다는 의미에서죠. 보좌진의 자리는 자칫 호가호위하기 쉬운 자리입니다. 권력을 등에 업고 소위 갑질(?)할 수 있는 자리거든요. 그렇기 때문에 유리처럼 투명하게 일을 해야 하며, 언제 깨질지 모르는 유리처럼 매사 조심스러워야 합니다. 나아가 행정부 감시 견제와 사회적 문제 해결을 위해서는 날카롭게 파고들어야 한다고 생각합니다."

이 보좌관은 국회의원 보좌진은 사회적 공익 가치만이 아니라 국회의원의 가치, 그리고 소속 당의 '당론'도 신경을 써야 한다고 말한다. 또 보좌진 개인의 가치관도 중요한 문제라고 했다.

"국회의원이 하고 싶은 일이 있고 그것이 법이나 정책상으로 문제가 있지는 않아도, 소속 정당에서 당론으로 내세우는 방향성과도 차이가 없는지 따져보고 고민을 합니다. 실제로 국회의원이 어떤 국방 관련 정책을 주장하려 했을 때, 그것이 우리 당론과 맞지 않아 의원을 설득했던 적이 있었습니다. 또 보좌진 개인의 가치관도 중요합니다. 일종의 직업으로서 생계 문제가 있음에도 불구하고 개인적 가치관과 의원의 가치관이 달라 의원실 일을 그만두는 경우가 있고, 다른 정당 소속 의원의 스카우트 제안에도 옮기지 않는 경우가 있습니다."

결국 정치 컨설턴트가 일반 컨설턴트와 구별되는 점은 자신이 지지하는 정치관이나 가치관에 따라 어떤 정치인에 대해 컨설팅 할지 말지를 결정하는 경우가 많다는 것이다. 금전적인 부분보다 신념에 따라 컨설팅 하기로 결정하면 컨설턴트 본인도 자신의 일에 더 자부심을 느낄뿐더러, 국회의원이 지위나 권력을 이용해 비윤리적 행위를 저지는 것을 내부에서 견제할 수 있다. 어쩌면 정치인의 보좌진은 일반 국민이 생각하는 것보다 훨씬 더 힘든 싸움을 하고 있는지도 모른다.

변화의 실행력

프레임 4.
보좌진 팀워크와 시너지 역량 강화
(Team Change)

이동윤 보좌관은 의원실 9명의 보좌진이 유기적인 역할을 해야 함을 특히 강조했다. 일반 회사와 다르게 직무가 명확하게 구분되어 있지 않고 자칫 실수라도 하는 날에는 사회적으로도 큰 이슈가 되므로 크로스 체크와 협업이 매우 중요하다는 것이다.

"(300개 의원실이 다 다르지만) 보좌진의 역할이 형식적으로 크게는 '정책'과 '정무'로 나뉘어 있어요. 그런데 아시다시피 국회의원의 일은 명확하게 정책과 정무로 나누어지지 않아요. 각종 선거(지역구 총선만 있는 게 아니죠. 당내 선거가 있고, 지방선거, 대통령선거 등도 같이 치릅니다)뿐만 아니라 정부업무보고, 국정감사, 상임위 현안질의와 소위원회 활동, 법 개정안 검토, 입법 발의, 예산안 심의 및 결산 검토, 각종 토론회, 세미나, 포럼 기획 및 운영, 후원회 관리, 정치자금 및 사무실 회계 업무, 기고문, 칼럼, 인터뷰, 축사 작성부터 보도자료 작성·배포, 홈페이지, 블로그, SNS와 같은 온라인 매체 운영·관리, 의원 일정 관리, 운정 및 수행 등 회관(국회의원회관) 직원 고유의 업무를 비롯해, 의정보고서 기획·제작, 의정보고회 행사, 지역 예산, 지역 민원, 지역 일정을 포함한 지역구 관리 업무까지 다양한 일이 수시로 발생하는데 딱 자기 일만 하고 끝낼 수도 없고요, 또 의원실에서 일관된 목소리를 내려면, 소위 사고가 나지 않으려면 각자 일하는 내용을 서로 공유하는 편이 낫죠. 그래서 상황에 따라 회의도 자주 합니다. 가령 우리 의원의 이미지에 어울리는 멘트 하나, 사진 하나를 선정하기 위해 밤늦도록 보좌진끼리 브레인스토밍을 할 때도 있죠."

이런 협업을 위해 이동윤 보좌관 자신은 가급적 격의 없는 분위기를 유지하려고 노력한다고 한다. 특히, 후배들의 육성을 고민하면서도 지시만 하는 선배가 되지 않도록 많은 노력을 기울인다고 한다.

"물론 후배들 생각은 그런지 잘 모르겠지만 저는 후배들을 격의 없이 대하려고 꽤 노력해요. 대화도 많이 나누려 하고요. 특히, 후배들과 함께 일하는 선배가 되기 위해 애쓰고 있습니다. 어떤 선배들은 일을 지시만 하고 후배가 일을 완성해서 가져가면 자신이 보고하러 들어가서 자기 성과인 듯이 종종 가로채기도 하거든요. 저는 같이 일을 하고, 같이 보고하러 들어가는 편이에요. 후배만 들여보내면 의원이 해당 보고서를 신뢰하지 못하는 경우도 있거든요. 또 업무가 많으면 제 선에서 커트하기도 하고 업무를 효율적으로 끝낼 수 있도록 각자의 특기와 역량에 따라 일을 배분하기도 합니다."

변화의 실행력

미드 웨스트윙 시리즈를 보면, 보좌진이 하는 일들을 백악관 수석 대변인인 C. J.에게만 비밀로 해 기자들에게 엉뚱한 정보를 전달하게 되는 사건도 등장하고 백악관 비서실 차장인 조쉬가 C. J. 대신 자신 있게 기자들을 상대하려 나갔다가 오히려 기자들에게 몰려 낭패를 당하는 사건도 발생한다. 얼마 전 한 국회의원이 국회 상임위원회에서 '겐세이'라는 막말을 사용해 물의를 일으킨 적이 있다. 그만큼 공인이 하는 말 한 마디는 사회적으로 큰 영향을 미친다. 그러므로 정치 컨설턴트는 정치인이 사용하는 멘트 하나, 자료 하나의 정확도에 심혈을 기울여야 한다. 정치인과 해당 정치인의 보좌진이 하나의 유기체로 움직여야 하는 이유가 여기에 있다.

프레임 5.
정치 컨설턴트의 퍼실리테이턴트십
(Facilitatantship)

물론 많은 보좌관이 공유하는 생각일 것이라고 말하면서도 이동윤 보좌관은 자신이 생각하는 보좌진의 노하우를 (1) 프로세스 전문성을 통한 판단력, (2) 다양한 경험을 통한 통시적 관점, (3) 파트너십 마인드 견지라고 밝혔다. 우선 국회가 어떻게 돌아가는지 (1) 프로세스를 잘 아는 보좌진은 어떤 이슈가 닥쳤을 때 어떤 방식으로 그 이슈를 해결할 것인지를 판단하고 의원에게 해결방식을 제안해야 한다고 말한다.

"국회에서 오래 근무한 보좌진은 문제가 생겼을 때 어떤 방식으로 해결해야 하는지 감각적으로 알죠. 상임위원회가 달라지면 관련 지식은 새로 학습해야 하지만 문제를 해결하는 패턴은 비슷하거든요. 이 문제를 홍보로 풀지, 정책으로 풀지, 예산으로 풀지, 입법으로 풀지 등 적절하게 판단해 국회의원에게 보고하죠. 그래서 보좌진은 국회의 시스템을 다 파악하

변화의 실행력

고 활용할 줄 알아야 한다고 생각해요. 예를 들어, 요즘은 입법 아이디어만 국회 법제실에 내고 개정안 작성을 의뢰하는 경우가 많은데요, 기본적으로 보좌진은 법률 개정안을 초안 정도라도 직접 작성할 줄 알아야 합니다. 그래야 방법을 익히고 또 나중에라도 급할 때 만들 수 있으니까요."

이 보좌관은 또한 (2) 다양한 경험을 통해 통시적으로 보는 눈을 지니는 부분에 대해 이야기한다.

"국회의 주요 임무 중 하나가 예산안 심의입니다. 근데 정부 각 부처에서 예산을 올릴 때 이게 비슷한 사업인데 부처별로 예산을 각기 편성하는 경우가 종종 있어요. 예를 들어, 자율주행차 관련 예산이 떠오르는데요. 자율주행차 운행 여건을 기술적으로 보완하기 위한 사업이 국토교통부 소관 예산과 과학기술부 소관 예산으로 중복 편성되어 집행된 사례가 있었어요. 유사한 목적의 성능평가 실험시설 건축·운영 사업을 2개 부처가 각자의 예산으로 편성 받은 후 각각 다른 소관기관을 통해 집행해서 비슷한 실험시설이 서로 다른 장소에 지어졌죠. 일종의 예산낭비죠. 그러니 현재 담당하는 상임위가 국토교통위원회라고 교통 분야 쪽 예산만 보면 안 되죠. 물론 예산결산위원회에서 전 부처를 대상으로 예산을 심의하지만 제한된 시간 안에 모든 부처의 세부 사업까지 다 들여다보기에는 물리적으로 한계가 있지요. 실제로 중복되고 또 불필요한 예산이 많아요. 국회가 예산심의 과정에서 중복되거나 유사한 사업 등을 다 찾아서 불필요한 사업은 줄이고, 또 필요한데도 예산이 부족한 사업들에 예산을 늘리는 등 예산안을 보다 효율적으로 편성하도록 심사하는 일이 중요하고, 또 저희가 잘 해야만 하는 역할이죠."

이동윤 보좌관이 가장 중요하게 언급한 부분은 (3) 파트너십 마인드를 견지하는 것이다. 이것은 소위 모시는 국회의원과의 관계뿐만 아니라 같이 일하는 보좌진 사이나, 또 견제와 감사를 해야 하는 여러 기관에 대해서도 마찬가지라고 말한다.

"앞에서도 말했지만 국회의원도 그렇고 보좌진 스스로도 그렇고 서로의 관계를 주종 관계로 인식하는 사람들이 있어요. 제가 지금까지 모시던 국회의원들은 저를 어떻게 생각했는지는 모르겠지만, 저는 일종의 파트너 관계로 여기고 일해 왔어요. 그리고 저도 국민의 한 사람으로서 국회의원을 견제하는 사람이라고 생각해요. 팀원들을 파트너로 생각하는 건 당연하고, 심지어 감시를 해야 하는 정부기관이나 상대 당에 대해서도 파트너십을 가지고 대해야 한다고 봐요. 어떤 일이 필요하고 그게 국민의 삶에 도움이 된다면 적극적으로 지원해야 한다고 생각합니다. 그 예로 코레일의 임의적인 열차 개조를 제한하는 취지로 만든 「철도안전법 일부개정법률안」을 들 수 있습니다. 이미 자동차, 항공기, 선박 등의 교통수단은 최초 설계 도입 기준과 다르게 개조할 때 별도의 기준에 따라 승인받도록 관련 법에 규정되어 있었어요. 근데 유독 열차 관련 규정만 없었죠. 국토부가 이에 대해 안전성 문제를 제기했는데, 코레일은 법률상 문제가 없다고 대응했습니다. 국정감사에서 이런 문제점을 확인해 지적하고 열차 개조 후 안전기준 적합여부 등에 대해 정부 승인을 받도록 개정안을 만들어 국회에서 처리했습니다. 개정안을 만드는 과정에서 의원실-국토부-코레일뿐만 아니라, 도시철도공사 등 철도운영사-열차제작사 및 열차차량 개조업체-한국철도차량엔지니어링-한국철도기술연구원-교통안전공단 등 관계자들이 모여 여러 차례 회의를 거친 후 개정안을 도출했죠. 이렇듯 단순히 감시-피감 관계가 아닌, 사안에 따라(이 경우는 국민이 이용하는 철도의 안전성을 확보하는 측면이겠죠) 파트너십을 가지고 일하는 자세가 필요하고 또 중요합니다. '갑질' 문제가 사회적으로 끊임없이 불거지고 있습니다. 국회에서 일하다 보면 많은 분들이 얘기합니다. 국회가 '갑 오브 갑'이라고 말이죠. 저는 이러한 생각에 동의하지 않습니다. 소위 관계의 우위에 따라 규정되는 갑을관계는 잘못된 생각과 관행의 결과물입니다. 이는 서로를 존중하고 이해하는 관점과 과정을 통해 개선되어야 하죠. 그런 측면에서 서로를 돕고 보완하는 관계로 규정짓는 파트너십 마인드가 필요하다고 봅니다. 좀 더 정확히 말하자면 대의민주주의 체제에서 '갑 오브 갑'은 국회가 아니고 국민입니다. 국회의원도 결국 국민이 뽑아서 선출됩니다. 촛불로 정부가 조기에 교체되는 토대가 마련된 것처럼, 국민이 정치에 더욱 적극적으로 참여하고 또 제 목소리를 낸다면 정치권이 갑이 아닌, 국민이, 민심이 '갑 오브 갑'인 올바른 정치 토대가 쌓이리라 기대합니다."

이동윤 보좌관과 인터뷰하는 내내 입법부 보좌진으로서 하는 일에 대한 그의 자부심과 소신을 느꼈다. 그는 스스로를 '리더'로 인식하지도, 그렇다고 '팔로워'로 인식하지도 않았다. 기존에 발생했던 많은 정치인의 부패와 비리 문제는 늘 그들의 보좌진과도 필연적으로 연계가 있어 왔다. 그렇게 부패와 비리에 연루된 보좌진은 정치인과 자신의 관계를 '주종 관계'로 생각했는지도 모른다. 시키는 일이라서 어쩔 수 없었다는 것이다. 물론 권력을 쥐고 자신의 보좌진을 사익 추구에 사용한 정치인들에게 문제가 있다. 그러나 변하기 어려운 기성 정치인에게 많은 변화를 기대하기는 어렵다. 이동윤 보좌관처럼 자신을 파트너, 혹은 컨설턴트로 인식하고 정치 조직의 문화를 변화시켜 가는 이들이 많아져야 하고 더욱 지지 받아야 하지 않을까. 새로운 시대의 새로운 정치를 위한 퍼실리테이턴트로서 말이다.

변화의 실행력

예능PD는
어떻게
적용하나요?

예능 PD의 퍼실리테이턴트십은 주어진 자원의
역량을 극대화하여 시청자들에게 건강한 웃음과
볼거리를 제공하는 데 있다.

1박2일과 무한도전이
바꾸어 놓은
한국 예능

한동안 1박2일은 우리 동네에 연예인이 온다는 것만으로도 시청자의 마음을 사로잡았다. 낯익은 풍경의 우리 마을이 TV에 나오고, TV 속 연예인들이 난데없이 나타나 어느 집 냉장고에나 있을 '까나리 액젓' 하나로 큰 웃음을 주었다. '도대체 저런 리액션이 대본에 있는 걸까?' '이 프로그램에 작가가 있기는 한 걸까?'라는 생각이 들 만큼 리얼한 상황이 방송 프로그램이 된다. 출연자도 아닌 예능 피디가 궁색한 몰골로 TV에 등장하고, 카메라를 들고 있어야 할 제작진이 출연자들과 대결을 펼치는 장면이 고스란히 방송을 탄다. 과거에는 PD가 출연자들의 생계를 쥔 하늘같은 위치였다면 이제는 출연자들과 호형호제하며, 때로는 출연자들에게 '악마 PD'라고 욕을 먹는 우스꽝스러운 모습으로 등장하기도 한다. 이전의 프로그램들이 다른 나라의 것을 모방해서 만들었다는 이야기가 떠돌았다면, 이들 프로그램이 나온 후에는 새로운 한국식 예능이 탄생했다고 회자되었다. 이들 예능이 파

괴한 고정관념은 무엇이었으며, 이런 프로그램을 가능하게 한 힘은
무엇이었을까?

　나영석 PD는 EBS의 한 강연 프로그램에서 '꽃보다 할배'나 '삼시
세끼' 등의 성공 스토리를 이야기하며, '반 보 앞선 새로움'을 언급했
다. 그는 창의적인 것을 만들기 위해서는 "서로 다른 이질적인 소재
를 연결하는 것"이 핵심이라고 말한다. 그러나 무조건 연결하는 것이
아니라 "연결이 되는 서로 다른 두 가지는 '광범위한 지지를 얻는 보
편적인 소재'여야 한다"고 역설한다. 퍼실리테이턴트의 핵심도 여기
에 있다. 새로운 것과 보편적인 것 사이의 긴장과 균형, 개인과 조직
사이의 균형, 내 것을 지키는 일과 타인의 요구를 만족시키는 일 사

　　　　　　　　　　　　　　　　　　　변화의 실행력

이의 균형 등을 통제할 수 없는 상황에서 나만의 시스템을 통해 유연
하게 흐름을 잡아가는 것이다.

JTBC '아는 형님'
제작 PD의 눈으로
보기

2015년 12월, 또 하나의 색다른 예능 프로그램이 등장했다. JTBC는 과거 여러 이슈로 인해 연예계를 잠시 떠났던, 혹은 그동안 예능에서 큰 인지도가 없었던 연예인을 모아, '근본 없는 예능'을 만들겠다며 종편방송 예능에 출사표를 던졌다. 당시 '학교 다녀왔습니다'라는 예능 프로그램의 조연출이었던 최창수 PD는 여느 PD와 달리, 방송국 출신이 아니라 광고회사 출신이라는 독특한 커리어가 있었다. 아는 형님은 처음부터 어떤 프로그램이 되리라 예상할 수 없었던 프로그램이었다. 특히, 출연진의 '드립'과 입담은 대본을 만들려고 해야 도저히 만들 수 없을 정도로 예상이 불가능하고 의외인 상황을 만들어갔다. 한 일간지 인터뷰에 따르면, 최창수 PD는 "민경훈이 강호동에게 대드는 캐릭터가 될 줄 몰랐다"고 비하인드 스토리를 털어놓기도 했다. 아무런 세트도 없이 출연자들만 데리고 '그냥' 시작한 예능은 출연자, 시청자, 연출진이 자연스럽게 흘러가는 대로 발전되어 JTBC

의 간판 예능이 되었다. 2018년 2월, 다른 PD에게 해당 프로그램을 물려준 최창수 PD와의 인터뷰를 통해 퍼실리테이턴트십의 요소들을 확인해 보고자 한다.

프레임 1.
출연자의 강점과 캐릭터 극대화
(Personal Mastery)

예능 프로그램에서는 출연진의 캐릭터가 중요하다. 그래서 해당 캐릭터에 맞게 제작진이 캐릭터의 콘셉트를 주문하기도 한다. 그러나 아는 형님의 독특한 점은 출연자들의 방송상 캐릭터가 대기실에서의 캐릭터와 일치한다는 점이다. 즉, 방송의 콘셉트에 맞춰 개인의 캐릭터를 개발한 것이 아니라 각 출연진이 평소에 보이는 캐릭터를 자연스럽게 방출하도록 장을 열어준 것이다. 최창수 PD는,

"출연진부터 먼저 섭외하고 프로그램의 콘셉트를 정하기 시작했어요. 강호동, 서장훈, 이수근, 김영철을 섭외하고 이들의 캐릭터를 살릴 남자들의 프로를 만들어 보자면서 출발했죠. 프로그램 이름도 출연자들이 '오빠'는 아닌 거 같고, '동네 형들' 같으니 '아는 형님'이라고 하자고 했죠. 형들에게 주눅 들지 않는 막내 라인이 필요해서 김희철과 민경훈을 영입했는데, 그 정도로 잘 해줄지는 몰랐어요."

변화의 실행력

라며 아는 형님의 탄생 비화를 털어놓았다. 각자의 캐릭터도 시간이 흐르면서 자연스럽게 스스로 찾아갔다고 한다.

아는 형님의 또 다른 재미는 매주 새롭게 찾아오는 '전학생'들에게 있다. 재미있는 점은 전학생에게도 정형화된 무언가를 요구하지 않는다는 것이다. 제작진이 미리 질문을 만들어 준다든지, 전학생의 캐릭터에 맞는 게임을 준비한다든지 하지 않는다.

"우리는 전학생이 스스로 자신에 대해 시시콜콜한 문제를 준비해 오게 합니다. 자기에게 던질 질문을 스스로 준비하는 거죠. 이런 방식이 게스트들을 편안하게 만들고, 출연자들이 막 던지는 '드립'들이 웃음을 주는 거예요. 저희도 이건 예상을 못했어요, 녹화해서 보고 알았지. 오답이 주는 재미가 있다는 것을 그때 알았어요. 또 우리가 예상하지 못했던 부분이 자기에 대한 시시콜콜한 문제를 냈더니, 그 문제에 이어지는 자신만의 시시콜콜한 이야기가 펼쳐진 거죠. 이런 건 기존의 준비된 토크에서 들을 수 없었던 내용들이거든요."

최창수 PD는 아는 형님이 아이돌 그룹이 출연하고 싶은 프로그램 1위가 된 이유도 여기에 있다고 설명한다.

"게임도 전학생이 잘하는 게임을 가져오도록 해요. 이러다 보니 자연스럽게 완전히 전학생이 부각되는 방송이 됩니다. 자신을 알리고 싶거나 홍보하고 싶은 영화, 노래 등을 자기가 원하는 방식으로 소개할 수 있는 거예요. 형님들이 전학생을 띄워 주는 거죠."

17회부터 시작된 학교의 콘셉트도 출연진의 캐릭터를 극단적으로 부각하기 위한 프레임이라고 한다.

"16회까지 여러 가지 포맷을 시도해 봤어요. 시청률이 오르지 않다 보니 회사에서 폐지 압박도 받았습니다. 그때 마지막이라는 심정으로 제작진과 그래도 우리가 잘 하는 거에 집중하자고 의견을 모았어요. 4개월 동안 출연진을 관찰해 본 결과 우리는 '대본 없는 콩트'를 잘 한다는 결론에 이르렀어요. 자기들끼리 상황을 만들어서 지지고 볶는 걸 잘하는 거죠. 그래서 어떤 콩트를 할까 물색했는데, 남자 7명이 학교라는 상황에 잘 어울렸던 거죠. 그래서 '형님 학교'가 나왔어요."

최창수 PD는 캐릭터에 대해서도 전혀 요구한 것이 없다고 한다.

"대본도 없고 역할도 없이 그냥 학교라는 포맷에 풀어 놓았어요. 이미 자기들끼리 위계가 있었던 상황을 그대로 세트장으로 옮겨 놓은 거죠. 강호동은 힘센 큰형, 이수근은 오른팔, 서장훈은 강호동을 적절히 견제하는 운동 후배, 이상민은 학교에서 조용히 뒷자리에 있는 애, 김영철은 맨날 구박받는 애, 나머지 민경훈과 김희철은 잘 생겼고 막내지만 형님들한테 전혀 기죽지 않는 애들, 이런 캐릭터가 이미 완성되어 있었어요. 실제 학교에도 이런 애들이 있잖아요. 절묘하게 7명의 캐릭터가 학교에 녹아 든 거예요."

아는 형님이 여타의 예능 프로그램과 다른 점은 콘셉트에 맞춰 캐릭터를 만들어 간 것이 아니라 시작부터 캐릭터에 맞춰 프로그램의 콘셉트를 만들어 갔다는 점이다. 특히 4개월 동안 출연진이 자율적으로 프로그램을 끌어가도록 관찰하고 그에 맞는 옷을 입혔다는 점은 인상적이다. 심지어 아는 형님은 출연진의 아킬레스건도 솔직히 밝히고 예능의 소재로 삼는다. 강호동의 폭력, 이수근의 도박, 서장훈의 이혼, 이상민의 부도 등 과거의 실수들을 자연스럽게 떠벌리며 반성하는 모습을 보면서 시청자는 이들 7명에게 좋은 이미지를 갖게 되었다. 그리고 이들은 이 방송을 통해 현재 제2의 인생을 살고 있다. 누군가를 통제하는 데는 항상 한계가 있다. 사람들을 자율적으로 성장하게 하려면 개인의 강점을 부각해주는 방향으로 프레임을 설정해야 한다. 개인이 죽어 가는데 조직이 살아있을 수는 없기 때문이다. 많은 회사가 조직이나 직무라는 옷에 맞춰 개인의 성장 방향을 통제하려 하지만, 그 노력들이 결실을 맺기 어려운 이유는 여기에 있다.

프레임 2.
시청자 경험 반영
(Mental Models)

그렇다고 아는 형님이 출연진의 캐릭터에만 신경 쓴 것은 아니다. 애초 아는 형님의 전 출연자가 시청률 5% 공약을 내세웠고 심지어 김영철은 시청률이 5%가 넘으면 하차하겠다고 밝히기도 했다. 그만큼 아는 형님은 시청자의 반응에 민감한 프로그램이기도 했다. 학교 콘셉트를 최종 결정하게 된 것은 10대 시청자에게 어필하기 위한 시도이기도 했다. 특히, 최창수 PD는 시청자의 경험적 관점에서 프로그램을 접근했다.

"원래 양로원 콘셉트를 할까, 학교 콘셉트를 할까 고민을 많이 했어요. 그런데 가뜩이나 요즘 청소년들 예능 안 보는데 양로원 콘셉트를 하면 그들의 공감을 이끌어 내기 힘들겠더라고요. 그래서 학교를 만든 거죠. 자, 근데 남학교예요. 남자만 7명 있는 거죠. 남학교의 로망이 뭐겠어요? 저도 중·고등학교 다 남학교를 나왔는데 남녀공학, 남녀합반 해보고 싶은

　　　　　　　　　　　　　　변화의 실행력

거잖아요. 형님들도 똑같았죠. 시청자도 그럴 거라 생각했어요. 그래서 걸그룹을 전학생으로 받는 콘셉트를 떠올렸죠."

최창수 PD는 여성 시청자를 놓치지 않기 위한 고민을 했다.

"남자들의 프로그램이라고 해서 여성 시청자를 놓치면 시청자의 반을 잃는 거잖아요. 그래서 보이그룹도 섭외하기 시작했죠. 처음이 인피니트였어요. 그때도 녹화를 해보고 보이그룹도 이렇게 재미있을 수 있구나 알았어요. 남자 전학생들이라고 형님들이 핀잔을 주고 시큰둥한 반응을 보여주는 것도 시청자에게 공감되는 부분이었으니까요."

최창수 PD의 이야기를 듣는 동안 아는 형님을 보면서 저자 역시 늘 공감되는 포인트가 무엇인지 깨달았다. 비단 현재 중·고등학교에 다니는 학생들뿐만 아니라, 대한민국 10대 이상의 시청자 중에 학교라는 공간을 경험하지 않은 사람은 드물다. 강호동이 맞는 교복이 없어 입었다는 옛날 스타일의 교복도 시청자와 소통을 이끌어내기 위한 오브제였다. 아는 형님의 출연진도 끊임없이 시청자의 반응을 살피며 방송을 이어갔다. 매주 시청자 게시판과 SNS를 살피며 시청자들이 비판하는 것을 겸허히 받아들여 수정하였다. 맞춰야 하는 특별한 포맷이 없으니 자유롭게 변경하거나 포기하는 데도 문제가 없었다. 또 더 이상 잃을 것도 없는 출연진이기에 거침이 없었는지도 모른다. 아는 형님은 시청자와 함께 만들어가는 방송을 위해서도 노력했다.

"2주년이 지났을 때, 아는 형님이 초심으로 돌아가야 한다고 생각했죠. 그래서 야외 녹화를 나가서 시청자와 직접 만나기로 했어요. 처음 아는 형님이 '질문 해결' 콘셉트로 시작했기 때문에 시청자의 질문을 받아 직접 발로 뛰면서 해결해주는 방식으로 진행했죠. 10,000건이 넘는 질문이 들어왔어요. 그 중에 가장 재밌는 질문이 강호동과 서장훈의 외모 대결이었어요. 연령대별로 직접 찾아다니면서 투표하는 형태로 진행되었는데 시청자 반응도 너무 좋았고 아는 형님에도 동기 부여가 많이 되었죠. 호동이 형은 역시 시청자와 만나는 프로그램에 최적화되어 있는 사람 같아요."

시청자들과 함께 하고자 하는 노력은 여기에서 그치지 않았다. 2018년 2월에 진행된 '아형 뮤비대전'은 다른 오디션 프로그램의 평가 방식을 빌어 실시간 시청자 참여로 우승자를 선발하였다. 녹화를 통해 방송되는 예능에서 실시간 투표는 최초였다.

"원래 아는 형님 77회 오현경, 딘딘편에서 처음 실시간 시청자 투표를 시도했습니다. 힙합 콩트를 해서 세 팀이 경합하게 만들었는데 어떻게든 평가를 해야 했죠. 그럼 시청자에게 평가를 받을까, 아니면 전문가에게 평가를 받을까 고민하다가 웃자고 시작한 거니 시청자들에게 물어보자고 결론 내렸죠. 온라인 포털의 실시간 투표시스템을 활용했는데, 10분에 10만 명이 투표해 주셨어요. 그때 이렇게도 참여해주시는구나 하는 자

변화의 실행력

신감을 얻었죠. 그럼 마지막 형님들의 반응은 어떻게 찍었느냐? 3팀이니까 3가지 엔딩 버전을 만들었어요. 각 팀이 우승했을 경우를 상정해서 각기 다른 버전으로 만든 거죠. 조작 논란이 일어날까 봐 방송 이후 페이스북에 다른 팀이 우승했을 상황의 엔딩 버전을 다 올렸죠. 아형 뮤비대전은 15만 명이 투표해 주셨어요. 유튜브에 올라간 뮤직비디오의 조회수가 300만 명이 넘는 등 시청자들이 큰 관심을 보여 주셨어요."

프레임 3.
프로그램의 콘셉트적 가치 공유
(Building Shared Values)

'1박 2일'이 '리얼 야생 로드 버라이어티', 무한도전이 '무모한 도전'을 표방하였듯이 아는 형님은 대놓고 '근본 없는 예능'을 표방하였다. 조직이 함께 무엇인가를 하기 위해서는 '어떻게 하자'는 공동의 약속이 있어야 한다. 최창수 PD는 이 부분을 출연자들과 제작진에게 이해시키는 부분이 가장 어려웠음을 토로했다.

"어려웠죠. 출연자들이 심지어 '이거 근본이 없어도 너무 없는 거 아냐?' 라고 이야기하기도 했어요. 이런 예능에 익숙하지 않은 출연자들이나 제작진도 처음에는 갈팡질팡했죠. 그런데 '형님 학교'로 가기까지 16회 동안의 시도가 그 가치를 공유하는 데 중요한 시간이었어요. 남들이 보기에는 실패 같지만 우리는 그 과정에서 얻는 게 많았거든요. 제가 한 일이라고는 자신감을 가지고 밀어붙인 것이죠. 여운혁 국장님이 끝까지 믿고 지원해 주신 것도 성공의 큰 요인이었어요."

변화의 실행력

그러면서도 그는 결국 그 가치는 누군가에게서 주입되는 것이 아니라 스스로 깨달아야 하는 것임을 강조한다. 자신의 역할은 출연자들이 그것을 스스로 발휘할 때까지 편안한 여건을 만들어주고 기다려 주는 것이라고 했다.

"제가 한 일은 계속 지켜봐 주는 거, 그리고 웃어주는 거였죠. 어느 날 메인 작가님이 저에게 '창수 PD 침착해. 웃어줘.' 이러시는 거예요. 저도 잘 몰랐어요. 안 웃기는 장면을 보면 조급한 마음에 인상을 찌푸리곤 했거든요. 그런데 여운혁 국장님을 보니까 안 웃기는 장면에도 계속 웃으시는 거예요. 그래서 한번 출연자들이 서 있는 세트장 쪽에 앉아서 보이는 풍경을 둘러봤죠. 수십 대의 카메라와 제작진이 다 지켜보는 자리에서 저 같아도 긴장하지 않을 수 없겠다 싶었죠. 그때부터 저도 반성하고 무조건 호탕하게 웃었어요. 안 웃겨도 막 깔깔거리고 웃었죠. 어느 때부터인가 형님들이 스스로 '근본 없는 예능의 콘셉트를 파악하고 편안하게 자신들 본연의 모습을 보여주었어요."

프레임 4.
수행팀 시너지 역량 강화
(Team Change)

아는 형님은 무엇보다 출연진의 팀워크나 시너지를 강조하는 프로그램이다. 서로 티격태격하지만 아는 형님 출연진은 한 팀으로서의 역할이 강조되고 있다. 전학생들이 가져온 게임은 아는 형님들을 모두 이겨야 하는 게임이 된다. 누군가로부터 한번 터진 '드립'은 바통을 이어 받은 다른 출연진에 의해 또 다른 '드립'으로 이어진다. 심지어 썰렁할 뻔한 '드립'도 이어지는 '드립'으로 살려낸다. 출연진의 시너지를 위한 고민에 대해서도 최창수 PD는 이렇게 회고한다.

"이미 출연진이 서로를 잘 알고 좋은 팀워크를 유지하고 있었어요. 민경훈이 의외였던 건 원래 친하지 않았는데 금세 형님들 틈에 잘 녹아들었죠. 김세황 씨의 캐릭터는 조금 달랐어요. 개인으로는 정말 좋은 사람이고 재미있는 캐릭터인데 형님들 사이에서 녹아들기가 어려웠죠. 다른 형님들끼리는 서로 욕도 하고 디스도 하는데 김세황 씨는 너무 착하셔서

변화의 실행력

그게 안 되는 거예요. 출연한 지 얼마 되지 않아서 우리한테도 리스크가 있었지만 죄송한 마음을 가지고 빠르게 하차를 권유했죠. 영철이 형은 달라요. 원래 구박받는 캐릭터인데 그걸 또 즐겨요. 그럼으로써 다른 사람들이 웃음을 주도록 유도하는, 없어서는 안 될 캐릭터였죠. 개인도 개인이지만 팀의 시너지가 중요합니다."

최PD는 출연진과 제작진 사이의 팀워크를 위해서도 노력했다. 그는 전체 조직으로서 팀워크를 다지기보다 작은 그룹 단위의 접촉에 주력했다.

"지금 생각해 보면 우리 팀에 회식이 많이 없었던 건 좀 아쉬워요. 건전한 회식은 팀워크를 강화하는 데 좋은 요소가 되었을 텐데… 그래도 그룹 단위로 커뮤니케이션을 많이 하기 위해 노력했어요. 제작진도 연차나 나이 대를 고려해 그룹을 정하고 신입들에게 좀 더 많이 접촉하기 위해 노력했죠. 어떤 이벤트를 만들기보다는 의도적으로 가볍게 접근하려고 했어요."

작은 그룹 단위로 이루어지는 가벼운 커뮤니케이션은 대화의 깊이와 질을 높이고 서로에 대한 신뢰감을 강화한다. 조직은 신뢰감을 높이는 데 전체 회식이나 이벤트를 진행하는 경향이 많은데, 그러면 깊이 있는 대화도 어렵고 리더만 연설하고 끝나는 경우가 많아 신뢰감을 가져가기 어렵다. 그러다 보니 공통적으로 할 수 있는 활동은 결국 다 함께 마시고 취하는 일밖에 없다시피 하다. 팀워크를 강화하기 위해 리더가 부각되어야 할 필요는 없다. 오히려 리더에게 반감을 가지고 팀워크가 강화되는 경우도 있기 때문이다. 그렇다면 조직에서도 작은 그룹 단위의 가벼운 커뮤니케이션 방식을 고민해 볼 필요가 있다.

변화의 실행력

프레임 5.
예능PD의 퍼실리테이턴트십
(Facilitatantship)

다른 예능 PD는 그렇게 생각하지 않을 수 있지만, 최창수 PD는 자신이 생각하는 PD의 퍼실리테이턴트십으로 (1) 다양한 경험을 통해 체득된 문제해결 역량, (2) 후배들의 성장에 대한 관심, (3) 격의 없는 회의 분위기, (4) 칭찬과 관심이라고 보았다. 최PD는 무려 1년 넘게 카메라 하나만 들고 전 세계를 여행했다. 그리고 출간한 책이 '지구별 사진관(2007)'이다. 또한 다른 PD들처럼 바로 방송국으로 입사해 PD가 된 것이 아니라 광고대행사에서 일하다 이직해 경력도 인정받지 못하고 PD가 되었다. 이런 PD를 알아봐 준 여운혁 국장도 탁월한 안목을 가진 리더다. 그의 독특한 (1) 문제해결 역량은 이런 다양한 경험을 통해 체득된 것이라고 한다. 그는 어떤 문제에 직면할 때 그 문제를 둘러싼 상황과 여러 가지 해결책이 시스템적으로 떠오른다고 말한다.

"세계여행을 할 때, 아프가니스탄을 한 달 동안 여행한 적이 있어요. 아무 것도 없이 달랑 한 달짜리 비자 하나만 가지고 들어갔죠. 미션은 '비자가 만료되기 전에 동쪽 끝으로 들어가서 서쪽 끝으로 나가는 것' 한 가지였 죠. 당시 우리나라에는 아프가니스탄 여행 책자도 없었어요. 무작정 아프 가니스탄에 들어가 일본인 여행객의 일본어로 된 여행 책자를 빌려 지도 만 사진 찍어서 그걸로 여행했죠. 당시에는 스마트폰도 없어 GPS도 없었 고요. 광고대행사에서는 다양한 고객의 요구를 충족시켜줘야 했죠. 아시 다시피 PD는 '갑'이지만 광고대행사 직원은 '을 중의 을'이죠. 이런 과정 을 경험하다 보니 시스템적으로 생각하는 문제해결 역량이 생겨났다고 봐요. 일단 답이 있다고 생각하고 접근하니까 자연스럽게 어떻게 문제를 해결해야 할지 프로세스가 떠오릅니다. 갑작스런 상황에 무엇을 포기하 고 무엇을 선택해야 할지 빠르게 의사결정할 수 있는 이유이기도 하죠."

그는 1년 반 동안 전 세계를 여행하고 느낀 점을 사진을 통해 이야 기했다.

최창수 PD는 (2) 후배들의 성장에도 관심을 가진다. 과거 자신의 경험과 경력이 방송국에서 인정받지 못하던 시절도 있었고, 여운혁 국장이 자신을 믿어주어서 성공했다고 생각하기 때문이다.

"제가 어떤 해결책을 알고 있어도 먼저 제시하지 않으려고 합니다. 후배 들이 직접 찾아내기를 바라죠. 한 번은 싸이(박재상)가 옛날에 강호동과 출 연한 장면들이 필요해졌는데 후배들이 아무리 인터넷을 뒤져도 못 찾겠

변화의 실행력

최창수 PD의 저서, 지구별 사진관

그는 1년 반 동안 전 세계를 여행하고 느낀 점을 사진을 통해 이야기했다.

다고 했어요. 일단 싸이에게 전화해 보라고 했죠. 싸이도 어떤 프로였는지 기억을 못하고 있다더군요. 포기하려던 후배들을 데리고 싸이가 언제 데뷔했는지부터 추적하기 시작했어요. 대략 KBS에서 몇 년도에 데뷔했다는 사실까지만 확인하고 KBS 자료실에 전화했죠. 물론 다른 방송국을 위해서 그 많은 자료를 찾아줄 리는 없죠. 게다가 디지털로 전환되어 있지 않은 자료인데. 후배들이 또 포기하려고 할 때, 우리가 가서 찾는다고 얘기하고 찾아오라고 했죠. KBS가 자료실을 개방해 주지 않을 거라는 후배들에게 시도해 보라고 권유했습니다. 우리의 열정에 KBS도 자료실을 열어주었죠. 우리 FD가 가서 1시간 만에 자료를 찾아내었습니다. 물론 이런 제가 무대포라고 생각하는 후배들도 있을 거예요.

하지만 이런 과정을 거쳐서 스스로 문제 해결하는 과정을 경험해 보면 그들도 더 성장할 수 있다는 확신이 있습니다."

또한 최PD는 (3) 격의 없는 회의 분위기를 만드는 것이 좀 더 창의적인 아이디어와 집중된 성과를 만드는 비결이라고 말한다.

"제작회의를 5시간을 하면 4시간 동안은 가벼운 이야기나 농담 따먹기 하고 놀아요. 어떤 이들은 핸드폰만 하기도 해요. 실제 회의는 1시간 동안 집중해서 하죠. 비효율적이라고 볼 수도 있지만 4시간의 격의 없는 분위기가 1시간의 집중도 높은 회의를 만들 수 있다고 생각해요. 물론 그 4시간의 가벼운 대화 속에서도 순도 높은 아이디어를 끄집어내기도 하고요. 자유로운 회의 분위기가 창의적인 아이디어를 만드는 거 같아요."

아이디어를 도출하는 단계의 회의에서 정리되지 않은 '워크숍'처럼 자유로운 분위기가 필요한 이유가 여기에 있다. 워크숍의 어원은 어떤 제품을 창출하기 위한 도구와 재료가 널려있는 방을 뜻한다. 이런 방에 들어가 있다 보면 새로운 프로토타입을 만들어 낼 아이디어와 제품이 탄생할 수 있음을 의미해 오늘날의 세미나 혹은 다양한 아이디어 회의를 워크숍이라 지칭하기 시작했다. 일반적인 조직에서도 회의의 목적에 따라 활용해 봄직하다.

최PD와의 대화에서 찾은 마지막 퍼실리테이턴트십은 (4) 칭찬과

변화의 실행력

관심이다. 그는 이것이 사람들의 마음을 움직이고 변화시키는 원동력이 된다고 생각한다.

"프로그램을 하는 내내 출연진이든 제작진이든 끊임없이 칭찬하려고 노력했어요. 이게 가장 중요한 것 같아요. 특히, 우리 프로그램만이 아니라 출연진이 타 방송에서 하는 활동도 모니터링하고 칭찬해 주는 일이 중요합니다. 예를 들어, 상민이 형은 '미우새'에서 잘 하고 계시잖아요. 타 방송 프로그램이지만 늘 관심을 가지고 봤어요. 그리고 칭찬해 드리는 거죠. 우리 프로그램 일 때문만이 아니라 그 사람 개인에게도 관심이 있다는 사실을 지속적으로 보여주는 게 중요하다고 생각했어요. 상민이 형이 저에게 고마워했죠. 저는 사람과의 관계를 중요하게 생각합니다. 제가 원래 사람을 좋아하는 사람이기도 하지만, 단순히 지금의 일 때문만이 아니라 나중에 이 사람과 어떤 관계로 다시 만나거나 서로 어떤 도움을 줄지 모르니까요. 그 동안의 다양한 경험을 통해 습관처럼 몸에 배었나 봐요. 그런 습관을 통해서 많은 도움을 받기도 했고요."

최PD는 스스로를 '리더'라고 생각하지 않는다. 그는 아는 형님의 리더는 여운혁 국장이었다고 했다. 자신은 프로그램의 실무 제작자로서 유연하게 과정을 운영하는 데 최선을 다했을 뿐이라고 말한다. 어쩌면 퍼실리테이턴트의 핵심은 여기에 있는지도 모른다. 스스로가 리더의 자리에 있다고 생각하지 않는 것. 리더라고 의식하는 순간 권위의식이 생겨나기도 하고, 뜻하지 않게 주변과 소통이 단절되기도 한다. 자신 있게 이야기하지만 연신 "의도하지 않았어요"라고 말하는 그의 모습에서 통제될 수 없는 것을 관리해 가는 퍼실리테이턴트의 모습을 배운다.

변화의 실행력

당신도 이미,
퍼실리테이턴트

특별한 사람만 퍼실리테이턴트가 될 수 있나요?

퍼실리테이턴트를 고민하는 청년들에게

Part III.

특별한
사람만
퍼실리테이턴트가
될 수
있나요?

"중요한 것은 목표를 이루는 것이 아니라, 그
과정에서 무엇을 배우며 얼마나 성장하느냐이다."

- 앤드류 매튜스(Andrew Matthews), 만화예술가

퍼실리테이턴트십
진단

퍼실리테이턴트가 되기 위한 특별한 자격이 존재한다고는 할 수 없다. 다만, 리더라는 특별한 직책에 집착하는 사람이나 다른 사람 위에 군림하고 통제해야 직성이 풀리는 사람들에게는 어려운 역할이 될 수밖에 없지 않을까. 반면, 누군가의 지시에만 수동적으로 따라가는 삶을 살기를 원하는 사람들에게도 적합하지 않을 것이다. 특히, 책의 초반에 언급한 퍼실리테이턴트의 역할을 잘 수행하려면 해당 역할에 맞는 마인드나 최소한의 역량을 갖추고 있어야 한다. 이 장에서는 아래 그림과 같이 5가지 요소를 퍼실리테이턴트가 갖추어야 할 역량으로 정하고, 각 역량을 갖추기 위해 노력해야 할 부분을 두고 논의하려 한다. 이 5가지 역량은 퍼실리테이턴트의 역할에 따른 세 가지 역량에 기본적 자질에 해당하는 두 가지 역량을 추가한 것이다.

이 장에서는 역량의 영역별로 자가진단의 질문 형식을 빌려 퍼실리테이턴트의 역량을 강화하려면 어떠한 노력을 기울여야 하는지 살

퍼실리테이턴트의 5가지 역량

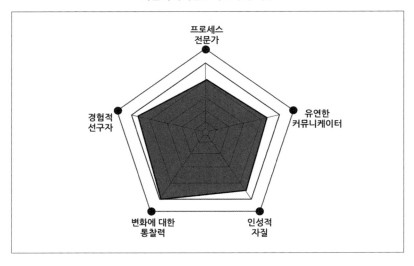

펴보도록 하겠다. 물론 질문별로 개인의 스킬이나 차별성 평가를 위한 세부적인 지표가 존재하나, 일반인이 해당 역량을 개발하도록 동기를 부여하는 것이 책의 목적이므로, 세부 평가지표를 자세하게 다루지는 않을 것이다. 이 진단은 어떤 단계에서 자신의 역량을 완성하는 것보다는 지속적으로 스스로를 점검하도록 하는 데 목표를 둔다. 따라서 현재 자신이 어떤 영역에서 5점이라고 해서 완료된 것이 아니라 끊임없이 질문을 통해 자기 역량을 점검하는 것이 중요하다.

역량 1.
프로세스 전문가

프로세스 전문가로서의 역량을 자가진단하기 위해서는 다음 3가지 질문으로 자신의 수준을 측정해 볼 수 있다.

1. 일의 프로세스 전체를 고민하고 프로세스 상 각 요소의 균형점을 찾으려 하는가?
2. 일을 할 때, 적절한 프레임과 툴을 사용해 일을 효율화하거나 사람들을 설득할 수 있는가?
3. 일의 이슈에 따라 적절한 데이터를 생성하고 분석할 수 있는가?

첫째, 어떠한 일이 주어졌을 때, 프로세스 전체를 고려하는 관점을 습관화할 필요가 있다. 퍼실리테이턴트는 어떤 영역에서 전문성이 있는 이들이 더욱 효과적으로 문제를 해결하는 프로세스를 알려주어야 하므로 자신의 일부터 그 프로세스가 적용되는지 확인해야 한다.

일의 개요나 일반적인 상황을 요약·정리하는 수준을 넘어서 문제해결과정 전체를 시뮬레이션하는 작업을 습관화하다 보면, 눈앞에 닥치는 미션만 해결하는 것이 아니라 일의 전체를 보고 필요한 각 요소를 파악할 수 있다. 특히, 프로세스상 각 요소 간의 균형점을 찾아 어느 한쪽으로 치우치지 않게 하는 일이 중요하다.

둘째, 프로세스 전문가로서 퍼실리테이턴트는 다른 사람들을 자신이 아는 프로세스에 맞도록 적절하게 유도할 수 있어야 한다. 그러므로 다른 사람들을 설득할 수 있는 논리를 펴야 하며, 효율적으로 활용할 툴이 있어야 한다. 이미 경영학 이론에는 다양한 프레임이 존재한다. 3C(사업계획 시), 4P(마케팅 시), 5Forces(경쟁관계 분석 시) 등 많은 경영학자가 이미 만들어 놓은 모델이 있다. 이들을 제대로 이해하고 활용할 뿐 아니라, 어떤 문제를 해결하기 위한 자신만의 프레임을 만들어 내는 역량도 필요하다.

셋째, 데이터의 생성과 분석 역량이다. 이는 모든 컨설턴트나 분석가에게 중요하다. 핵심은 어떤 프로세스를 진행할 때 어떤 데이터를 수집하고 분석해야 효과적인지 캐치해 내는 것이다. 또한 기존의 데이터가 존재하지 않을 때 어떤 방식으로 그 데이터를 생성해야 하는지, 혹은 대체할 데이터는 어떤 것들이 있는지 빠르게 판단하고 수집하거나 제안해야 한다. 이런 역량을 향상시키려면 다양한 통계자료를 분석해 보는 과정도 필요하지만, 늘 자신이 말하는 주장에 수치자료를 근거로 활용하는 습관을 들여야 한다.

역량 2.
경험적 선구자

경험적 선구자로서의 역량을 자가진단하기 위해 다음 3가지 질문으로 자신의 수준을 측정해 볼 수 있다.

1. 새로운 일이나 영역을 다른 사람에 앞서 먼저 경험하려 하는가?
2. 내가 경험한 것들을 정리하고 나만의 이론을 정립할 수 있는가?
3. 내 일에 새로운 방식을 적용하고 추진할 능력이 있는가?

첫째, 끊임없이 새로운 일이나 방식에 도전할 수 있어야 한다. 퍼실리테이턴트는 일반적인 컨설턴트와 다르게 기존에 있던 방법론을 캐주얼하게 적용하는 수준에 머무르지 않는다는 점은 앞에서 이미 언급한 바 있다. 과거 인정받는 모험가들은 미지의 세계에 직접 다녀와 본 후 자신이 경험한 것을 사람들에게 이야기했기 때문에 존경받았다. 이처럼 자신이 해본 경험을 기반으로 이야기하는 사람들이 언는 신뢰감은 다를 수밖에 없다. 늘 새로운 영역을 함께 탐구해야 하므로, 내가 한 발 앞서 경험하기를 두려워하지 않아야 한다.

둘째, 이렇게 경험한 내용들을 정리해 나만의 이론으로 정립할 수 있어야 한다. 퍼실리테이턴트는 자신만 경험하고 끝내는 것이 아니라 해당 경험을 다른 사람들의 눈높이나 수준에 맞춰 적절하게 전달해 주어야 하므로 우선 자신만의 논리로 이론화할 수 있어야 한다. 이러한 이론이 반드시 학문적일 필요는 없으나, 학문적 근거들을 확보하기 위한 노력은 필요하다.

셋째, 이론이 완성되었으면, 이 이론을 적용해 볼 추진력이 필요하다. 첫 번째 질문이 마인드에 대한 부분이었다면, 세 번째 질문은 이를 추진하기 위한 권한이나 능력이다. 아무래도 신입사원보다는 대리나 과장이, 과장보다는 부장이나 임원이 더 많은 능력이 있는 것은 사실이다. 그러나 실제로 능력이 없더라도 스스로 이러한 능력이 있다고 생각하고 늘 새로운 것을 추진하려는 사람과 능력이 있어도 타인의 눈치를 보거나 주변 상황 때문에 능력이 없다고 판단하는 사람은 퍼실리테이턴트로서의 잠재적 역량에서 확연히 차이가 날 수밖에 없다.

변화의 실행력

역량 3.
유연한 커뮤니케이터

유연한 커뮤니케이터로서의 역량을 자가진단하기 위해 다음 3가지 질문으로 자신의 수준을 측정해 볼 수 있다.

1. 다양한 사람의 특성을 이해하고 있으며, 이를 활용해 커뮤니케이션할 수 있는가?
2. 내가 예측하지 못한 상황에 대처할 임기응변이 있는가?
3. 수직적 또는 수평적으로 다양한 계층의 사람들과 커뮤니케이션할 수 있는가?

첫째, 다양한 사람들의 심리학적 특징을 이해하고 있으며, 상대방의 특성에 따라 나의 커뮤니케이션 방식을 변화시킬 수 있어야 한다. 학문적으로 심리학을 공부하지 않더라도 DISC나 MBTI 등의 사람을 이해하는 툴을 기본적으로 알고 커뮤니케이션하는 것이 필요하다.

퍼실리테이턴트는 다양한 유형의 사람들을 퍼실리테이션 해야 하는 역할이므로, 고지식하게 자신만의 커뮤니케이션 방식을 밀어 붙이면 효과적으로 여러 사람에게 동기부여하기 어렵다. 많은 자기계발 서적이 모든 사람에게 통하는 커뮤니케이션 방식을 제안하지만 퍼실리테이턴트에게는 사람의 특성을 먼저 이해하려는 노력이 필요하다. 예를 들어, DISC의 D 유형(Dominant)의 사람에게 아무리 논리적인 설명을 해 설득하려 한다 해도 커뮤니케이션에 실패할 확률이 높은 것처럼 말이다.

둘째, 예측하지 못한 상황에 대처할 임기응변 능력이 필요하다. 퍼실리테이턴트가 직면하는 대부분의 상황은 예측하기 힘든 경우가 많다. 항상 새로운 것이 많고 매뉴얼처럼 정해진 대로 하거나 철저하게 통제된 상황이 아니기 때문이다. 예를 들어, 스타트업은 언제 비즈니스가 발생할지 모르고 성공하는 방식이 따로 정해져 있지 않다. 심지어 아이템에 법적으로 문제가 발생하거나 다 진행된 계약이 취소되기도 한다. 예측할 수 없는 환경에 노출되어 있는 스타트업들과 머리를 맞대고 해결방식을 논의해야 하는 액셀러레이터는 갑작스런 상황에 대처할 임기응변이 필요하다. 물론 임기응변이 편법을 잘 활용하는 것은 아니다. 최창수 PD가 이야기했듯이, 빠르게 무엇을 버리고 무엇을 선택할지 결정하는 역량이 임기응변의 핵심이다.

셋째, 다양한 계층의 사람들과 커뮤니케이션할 수 있는 역량이 필요하다. 퍼실리테이턴트는 일종의 브릿지 역할을 해주는 사람이다. 특히, 아래로부터의 요구를 위로 전달해 변화를 가져올 수 있어야 하

변화의 실행력

는 사람이다. 그러니 수평적 관계의 커뮤니케이션이나 수직적 관계의 커뮤니케이션 모두 능해야 한다. 물론 수평적 커뮤니케이션도 중요하지만, 대부분의 사람들이 수직적 커뮤니케이션을 어려워한다. 특히, 윗사람 혹은 아랫사람과의 대화가 어려워 커뮤니케이션을 회피하는 경우가 많은데 상하를 연결하는 누군가가 필요하다면, 그리고 자신이 퍼실리테이턴트의 역할을 하고자 한다면 수직적 커뮤니케이션에 대한 지속적인 노력이 필요하다. 다만, 윗사람과의 커뮤니케이션 비중이 20%라면 아랫사람들과의 커뮤니케이션은 비중은 80% 이상이 되어야 한다.

역량 4.
변화에 대한 통찰력

변화에 대한 통찰력을 자가진단하기 위해서는 다음 3가지 질문으로 자신의 수준을 측정해 볼 수 있다.

1. 변화에 대한 나만의 철학을 정립하고 있는가?
2. 새로운 시대의 변화와 아래로부터의 변화 필요성을 이해하고 있는가?
3. 미래가 어떻게 변화할지에 관심이 있고 그 비전을 확신하고 있는가?

첫째, 변화와 혁신에 대해서는 수많은 이론과 철학이 존재한다. 그들이 말하는 이론과 철학 중 자신이 지지하는 바가 명확하고 그것을 나만의 철학으로 정립하고 있는지가 변화에 대한 통찰력을 갖추는데 가장 중요하다. 퍼실리테이턴트는 변화를 촉발하고 동기를 부여하는 사람인데, 스스로 변화를 촉발하고 동기를 부여할 동력이 없으면서 남의 변화를 돕는다는 말은 어불성설이다. 따라서 변화의 의미,

변화해야 하는 이유를 스스로 정립하고 있어야 한다. 특정한 영역에서의 변화 역시 마찬가지이다. 예를 들어, '일과 삶의 균형'이 왜 중요한지, 그리고 그 균형점은 어떻게 찾아야 하는지 자신만의 논리가 없다면 다른 사람들을 설득하기 어렵다.

둘째, 새로운 시대의 변화 방향성이 어떠한지 이해하고 있으며, 그 변화가 왜 아래로부터 시작되어야 하는지 이야기할 수 있어야 한다. 물론 위로부터의 변화와 아래로부터의 변화가 적절한 균형을 이루어야 한다는 말은 맞다. 그러나 위에서 느끼는 변화의 필요성은 아래로부터의 요구와 니즈에 집중되어 있어야 한다. 대통령 탄핵 이후 국민이 새롭게 선택한 정부에서는 모든 공공기관과 공기업이 사회적 가치 실현을 선도하도록 요구하고 있다. 즉, 이제는 국민을 위해 서비스한다며 갑의 입장을 고수하는 것이 아니라, 국민이 참여할 수 있고, 국민의 경험을 최대한 반영하여 조직의 변화에 활용하도록 하는 것이다. 퍼실리테이턴트는 생각의 방향을 아래로부터 위로 전달하는 역할을 하는 사람이므로 변화의 방향성을 명확히 이해하고 실행할 수 있어야 한다.

셋째, 나 스스로 끊임없이 미래가 어떻게 변화할지 관심을 두고 그 변화 상황에 지속적으로 노출되어야 한다. 수많은 TV 프로그램이나 강연, 책, 영상 매체가 앞다투어 미래가 어떻게 변화할지 청사진을 보여주고 있다. 이런 매체를 통해 단편적인 지식들을 습득하는 일도 중요하지만, 이러한 단편적 지식들이 연결되어 나타나는 미래상을 스스로 정립하는 것이 훨씬 중요하다. 퍼실리테이턴트는 다른 사람에게 가 본 적 없는 미래를 상정하고 확신하도록 도와야 한다. 스스로 확신 없이 누군가를 도울 수는 없지 않을까.

역량 5.
인성적 자질

인성적 자질을 자가진단하기 위해 다음 3가지 질문으로 자신의 수준을 측정해 볼 수 있다.

1. 사회적 상식과 윤리에 어긋나지 않는 가치관을 지니고 있는가?
2. 사회적 약자에게 공감하고 그들에게 권위를 내세우지 않는가?
3. 에게 주어진 일과 사회의 일원으로서의 책임감을 가지고 있는가?

첫째, 퍼실리테이턴트는 사회적 상식과 도덕 윤리에 어긋나지 않는 가치관을 지니고 있어야 한다. 가장 쉬워 보이면서도 가장 어려운 질문이다. 마이클 샌델(Michael J. Sandel)의 '정의론' 강의를 들어 보면, 그는 쉴 새 없이 학생들에게 애매한 선택지를 주고 어떤 선택이 옳은지 고르라고 한다. 그리고 그에 대한 근거를 들어보라고 한다. 그는 '정의(Justice)를 정의(Definition)하지 않는다.' 다만 우리가 끊임없이 '사회적 공공선'이 무엇인지 고민하도록 한다. 퍼실리테이턴트는 어떤 상황이나 사건이 사회적 공공선의 차원에 위배되는지의 여부를 고민해야 한다. 즉, 조직이나 사회에서 관례적으로 행해지는 일들을 의심 없이 받아들이거나 책임이 본인에게 있지 않아 어쩔 수 없이 따르는 식이 아니라, 그 일들이 사회적 공공선에 위배되지 않는지를 확인해 문제가 된다면 중단할 수 있어야 한다.

둘째, '사회적 약자'에 대한 관심이 있느냐 하는 것이다. 사회적 약자는 포괄적 의미에서 상대적으로 자신보다 낮은 지위에 있는 사람들을 말한다. 이는 공식적 지위만을 의미하는 것이 아니라 의도하지 않았지만, 또는 본래적으로는 그렇지 않지만 사회적 관계에 따라 형성되는 지위 또한 포괄한다. 예를 들어, 구매자와 판매자 같은 관계가 그렇다. 우리 사회에서는 보통 돈을 지불하는 쪽을 '갑', 돈을 받는 쪽을 '을'이라고 칭한다. 그러나 '갑을 관계'가 반드시 금전 관계에서만 형성되지는 않는다. 소위 우리 사회에서 행해지는 갑질(?)은 상대적으로 우월하거나 유리한 지위에 있는 사람이 그렇지 않은 사람에게 인격적 혹은 금전적으로 부당하게 행하는 모든 행위를 의미하는 것처럼 말이다. 인격적 자질의 두 번째 질문은 관계에서 평등한 관점을 유지하는가에 대한 부분이다.

셋째, 결국 책임감이 있어야 한다. 퍼실리테이턴트는 '남의 일도 내 일처럼' 생각할 수 있는 사람이다. 초기 산업혁명 시대에는 '남의 일과 내 일을 명확하게 구분하고 다른 사람의 일을 침범하지 않는 것'이 미덕이었다. 직업, 직무, 역할은 각자의 영역에서 딱 자신의 일

변화의 실행력

2025년 티핑포인트

영역	진단 질문	Good ←———→ Bad				
A. 프로세스 전문가						
A	1. 나는 일의 프로세스 전체를 고민하고 프로세스 상 각 요소의 균형점을 찾으려 하는가?	5	4	3	2	1
	2. 나는 일을 할 때, 적절한 프레임과 툴을 사용해 일을 효율화하거나 사람들을 설득할 수 있는가?	5	4	3	2	1
	3. 나는 일의 이슈에 따라 적절한 데이터를 생성하고 분석할 수 있는가?	5	4	3	2	1
B. 경험적 선구자						
B	1. 나는 새로운 일이나 영역을 다른 사람에 앞서 내가 먼저 경험하려 하는가?	5	4	3	2	1
	2. 나는 내가 경험한 것들을 정리하고 나만의 이론을 정립할 수 있는가?	5	4	3	2	1
	3. 나는 내 일에 새로운 방식을 적용하고 적극적으로 이를 추진할 능력이 있는가?	5	4	3	2	1
C. 유연한 커뮤니케이터						
C	1. 나는 다양한 사람의 특성을 이해하고 있으며, 이를 활용해 커뮤니케이션할 수 있는가?	5	4	3	2	1
	2. 나는 내가 예측하지 못한 상황에 대처할 임기응변이 있는가?	5	4	3	2	1
	3. 나는 수직적 또는 수평적으로 다양한 계층의 사람들과 커뮤니케이션할 수 있는가?	5	4	3	2	1

D. 변화에 대한 통찰력						
D	1. 나는 변화에 대한 나만의 철학을 정립하고 있는 가?	5	4	3	2	1
	2. 나는 새로운 시대의 변화와 아래로부터의 변화 필요성을 이해하고 있는가?	5	4	3	2	1
	3. 나는 미래가 어떻게 변화할 것인지에 관심이 있고 그 비전에 확신이 있는가?	5	4	3	2	1
E. 인성적 자질						
E	1. 나는 사회적 상식과 윤리에 어긋나지 않는 가치관을 지니고 있는가?	5	4	3	2	1
	2. 나는 사회적 약자에게 공감하고 그들에게 권위를 내세우지 않는가?	5	4	3	2	1
	3. 나는 나에게 주어진 일과 사회의 일원으로서의 책임감을 가지고 있는가?	5	4	3	2	1

만 하도록 구획된 1차 산업혁명 시대의 산물이다. 그러나 4차 산업혁명에서는 그 구획과 경계들이 무의미해지고 있다. 주판을 가지고 재무부서에서 20년을 일했어도 엑셀에 능한 영업부서의 신입사원보다 재무를 더 잘 한다고 할 수 없는 것처럼 말이다. 그러므로 이 책임감은 공동체의 변화에 대한 책임감이다. 공무원직에 지원하는 어떤 사람이 그 직업의 '안정성'만을 최고의 가치로 삼는다면, 대한민국 국민은 발전 없이 안정만 추구하는 이 공무원을 위해 세금을 계속 지불

퍼실리테이턴트의 5가지 역량

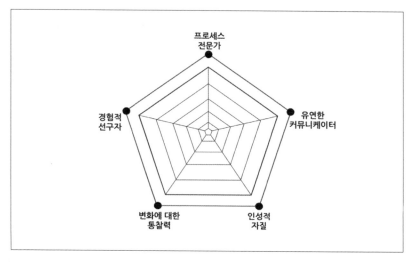

해야 할까?

위에서 언급한 15가지 질문은 퍼실리테이턴트 마인드로 살아가는 동안 끊임없이 스스로를 평가하는 잣대로 삼아야 하는 역량의 출발점이다. 처음에는 어떤 역량이 높다고 자부했지만 시간이 지나고 지식이나 경험이 쌓이면서 같은 영역에서 부족함을 느낄 수도 있다. 이 차트 역시 단선적으로 성장하지만은 않을 것이다. 다만 질문을 되풀이하는 동안 해당 영역에서 내가 무엇을 해야 할지, 어떤 부분을 개발해야 할지는 더욱 명확해질 것이다.

퍼실리테이턴트를
고민하는
청년들에게

"다만 여러분의 멘토로서 한 가지 약속할 수 있는
것은 그저 몇 걸음 앞서 걸으면서 여러분의 동료로
함께 할 수는 있다는 것입니다."

- 서명호, S대학교 교내 저널 기고

퍼실리테이턴트의
시대가 왔다

실업자가 백만을 넘는 시대가 왔다. 케케묵은 조직의 문화는 새로운 세대의 자유로운 사고방식과 문화를 따라가지 못하고 있다. 1차 산업 혁명 시대의 필요에 따라 만들어진 직무는 직원들이 다양한 역량을 발휘하는 데 오히려 제약이 된다. 한국의 교육시스템에서 자라난 학생들은 모든 과목을 잘하도록 강요받아 왔는데, 사회에 나가면 한 분야에서 한 가지만 잘 하도록 강요받는다. '변화의 시대'라는 말은 무성한데 변화의 시스템은 아직 아무것도 정해진 게 없다. 성장하려면 어쩔 수 없다며 기득권만을 위해 만들어진 사회 질서에 대해 많은 이들이 더는 참지 못하고 변화하기를 열망한다. 이런 시대에 청년으로 살아가는 것 자체가 이미 퍼실리테이턴트가 되기를 요구받는 일인지도 모른다. 어쩌면 그것은 작은 용기에서 시작될 수 있다. 앞선 세대가 말한 질서에서 한 발 벗어나 스스로 내 인생의 밑그림을 그려 보는 일, 과거를 청산하고 새로운 질서를 만드는 데 동참하는 일, '아닌

것은 분명하게 아니라'고 이야기하는 데서부터 시작될 수 있다. 그리
고 그런 용기를 가진 이들을 비난하고 시기하는 것이 아니라 적극적
으로 지지하고 격려해 주는 것에서 시작될 수 있다.

변화의 실행력

넛지 1.
해결사로서의 관점을
지녀라

지금의 청년들은 이미 자신의 인생과 시대의 주인공이다. 저자는 지금 취업과 창업을 준비하는 많은 청년을 멘토 멘티 관계로 만나면서, 우리 세대가 다음 세대를 위한 새로운 질서를 만들어 내지 못했다는 점을 반성하며, 새로운 질서를 구축하고자 인생의 새로운 전환기를 만들고 있다. 어느 순간 나 스스로가 주인이 아니라 손님으로 살았구나 하는 생각이 들었다. 인사담당자 시절, 오랜 시간 누구도 신경 쓰지 않던, 100명이 넘는 퇴사자의 서류를 하나하나 읽어 내려가면서 결국 조직을 바꾸어가는 건 남아있는 사람들이 아니라 박차고 나가는 사람들이라는 사실을 깨닫게 되었다. 물론 남아있는 사람이 잘못되었다는 말은 아니다. 때때로 남아있는 사람들에게 비난받는, 떠나는 이들이 그렇게 간단한 상황 속에서 떠나는 것은 아니라는 얘기다. 남아있는 사람들보다 훨씬 더 고민하고 더 많은 것을 버려야 하는 상황에서 그만큼 무게 있는 결정을 내렸다는 말이다. 남아 있는 사람들에게도 같은 정도의 고민이 필요한 것이 아닐까.

문제는 늘 발생한다. 그러나 그 문제를 해결사로서 바라보는 사람은 드물다. 문제를 분석하고 비판할 수 있는 사람들은 많은데 실제로 그 문제를 책임 있는 실행력을 가지고 해결하려 드는 사람은 많지 않다는 의미이다. 고인 물이 썩듯이 변화하지 않는 사람이 도태되는 것은 자연스러운 이치이다. 그렇다면 둘 중 하나다. 나 스스로 변화의 주체가 되든지, 아니면 변화를 당하는 객체가 되든지. 변화의 객체는 또 둘로 나뉠 수 있겠다. 변화의 객체로서 나 자신을 인정하고 따르든지, 아니면 현 상황에 안주하고자 격렬히 저항하든지. 현재 우리 사회는 후자가 승리하는 것처럼 보이는 경우가 많다. 그러나 세상이 변하고 있다. 어쩌면 우리나라만 벗어나도 깨달을 수 있는 것들을 우리는 지금 상황에 매몰되어 깨닫지 못하고 있는지도 모른다.

변화의 실행력

넛지 2.
새로운 경험을
주저하지 마라

2005년 저자는 군 전역 이후 곧장 3개월 어학연수 비용과 비행기 티켓만을 가지고 아일랜드행 비행기에 올랐다. 제주도를 제외하고 해외는 첫 경험이었던 저자에게 영어도 아닌 겔릭어로 된 표지판이 즐비한 낯선 땅의 첫인상은 뭔지 모를 '불편함'이었다. 당시 한국 사람이 많지 않았던 아일랜드에서, 노란 얼굴의 이방인이 되어 우리나라였다면 상상할 수도 없는 차별을 겪었다. 아이리시 10대들은 욕을 하거나 침을 뱉고 심지어 돌을 던지기도 했다. 어떤 가게에서는 쫓겨나기도 했고, 계약한 집에서는 보증금을 못 받고 쫓겨나기도 했다. 한한국인 동료는 번화한 거리를 지나가던 행인에게 구타를 당해 실명할 위기를 겪기도 했다. 이런 나라에서 지닌 돈도 없이 근 1년 반을 살았다. 정확히 생존했다는 표현이 맞을 것이다. 여러 가지 아르바이트로 생활비를 모으고 한국인들과 함께 한인교회를 설립해 한국인 커뮤니티를 만들었다. 여러 명이 함께 집을 구해 혹시 보증금을 돌려

받지 못한 채 쫓겨나는 한인들이 머물 수 있는 공간을 제공했다. 현재 아일랜드 한인교회는 10년이 넘도록 아직도 같은 일을 하고, 이제는 아이리시 노숙인들을 돕는 일을 하면서 아일랜드에서도 한인 커뮤니티의 지위를 인정받고 있다.

당시의 경험은 일반적인 커리어 차원에서 보면 비슷하게 사회생활을 시작한 이들보다 2년 정도 뒤쳐지는 결과를 가져왔다. 그러나 나를 보호해 줄 어떤 안전장치도 없는 낯선 곳에 떨어져 생존해 본 경험은 눈에 보이지 않는 역량과 커리어를 키워주는 데 충분했다. 결국 얻은 것이 많지 손해 본 것은 아니었다고 생각한다. 2015년, 스스로 변화하지 못하는 나 자신을 변화에 내던지고자 이번에는 가족과 함께 그동안 한국에서 쌓아 놓은 많은 것을 포기하고 다시 영국행 비행기에 올랐다. 집 전세금을 빼서 만든 학비와 6개월 치 기숙사비만 들고 시작한 영국 생활은 혼자 이방인으로 지낼 때보다 훨씬 더 힘들었다. 수없이 많은 실패와 어려움에 직면했으나, 그것을 보상하고도 남는 또 다른 경험들을 하고 돌아와 회사를 창업하고 이 책을 쓰고 있다. 실행력을 갖춘 문제해결 역량은 새로운 것에 도전해봤던 경험이 뒷받침되어야 갖출 수 있다. 내가 실행해보지 않고 책상에서 고민한 것들만으로 누군가를 설득한다는 말은 장님이 코끼리를 설명하는 것과 같다. 시스템적인 사고를 하는 것 또한 마찬가지이다. 내가 먼저 새로운 경험을 해보지 않고는 경험하지 못한 새로운 상황이 어떻게 흘러갈지 예측하기가 불가능하기 때문이다.

변화의 실행력

넛지 3.
사람을 이해하는
사람이 되라

많은 조직이나 경영학 이론들이 전략이나 자본의 중요성을 강조한다. 4차 산업혁명 또한 기술의 진보에 대한 이야기들로 떠들썩하다. 정작 중요한 것은 사람이다. 미래 사회가 어떤 형태가 되었든 그 중심이 사람이라는 데는 변함이 없다. 그렇다면 사람을 이해하고 공감하는 것부터 시작할 필요가 있다. 요즘 사회가 다시 인문학을 강조하는 이유도 결국 사람을 이해하고 공감하는 능력이 필요하기 때문이다. 1차 산업혁명 시대에는 인간이 기계화되었다면, 이제는 기계가 인간화되는 4차 산업혁명 시대에 접어들었다. 하버드대 사회학 교수인 니콜라스 크리스태키스(Nicholas A. Christakis)와 캘리포니아대 정치학 교수인 제임스 파울러(James H. Fowler)는 『Connected(번역본: 행복은 전염된다, 2010)』라는 책을 썼다. '행복한 사람 주변에 행복한 사람이 많고 불행한 사람 주변에 불행한 사람이 많다'는 연구 결과를 서술한 책이다. 행복한 인생을 사는 것이 목적이라면 행복한 공동체 안에 머물러야 하며, 내 주변이 행복하지 않은 이유에 나에게도 일말의 책임이 있다는 내용이다.

2년마다 OECD에서 발간하는 『Society at a Glance』 2016년 보고서를 보면, 한국은 저출산, 고령화, 노인 빈곤, 자살률, 행복지수 등에서 최하위권을 기록했다. 기성세대는 대부분 끊임없이 '경제성장'이 답이라고 외쳐왔으나, 결국 빠른 경제성장만 추구하며 우리 사회가 '사람에 대한 존중감'을 포기하다시피 한 결과로 발생하는 문제다. 저자는 HR(Human Resources) 분야에서 일을 해왔기 때문이기도 하지만 운이 좋게도 그동안 수많은 사회(나라)의 다양한 사람들을 만나 볼 기회가 있었다. 인사전문가로서 나름 다양한 사람에 대해 많이 안다고 자부하는 저자도 늘 새로운 캐릭터를 지니고 등장하는 사람들과 만나며 신기하고 놀랍다. 세상에 똑같은 사람은 한 명도 없듯이, 사람을 이해하기 위한 마음도 그 수만큼 열려 있어야 한다. 퍼실리테이턴트는 다른 사람들과 '동행'해야 하는 사람이다. 사람을 이해하고 공감하는 데서 시작하지 못한다면 쌓아둔 지식이나 전문성, 다양한 경험과 스킬들은 전혀 쓸모 없어질지 모른다.

"What is it that makes us human? It's not something you can program. You can't put it into a chip. It's the strength of the human heart. The difference between us and machines."

- Terminator Salvation 대사 중

Epilogue

혁명,
아래로부터의 변화

로봇이 대체할 수 없는 것

1984년부터 제작된 '터미네이터 시리즈'는 아놀드 슈왈제네거가 연기한 로봇이 등장하면서, 사람들에게 인간의 모습을 한 기계를 상상하게 했다. 겉모습으로는 사람과 구분할 수 없는 기계가 등장한 것이다. 특히, 터미네이터가 얼굴 반쪽의 피부를 벗겨 기계 얼굴을 드러내는 장면은 당시로써는 압권이었다. 영화를 접한 많은 이들이 먼 미래에는 사람의 모습을 한 기계가 사람을 대체할 수 있을 것이라 생각하였다. 그러나 정말 중요한 것은 영화 터미네이터가 시리즈를 반복하는 내내 우리에게 인간은 기계와 무엇이 다른지 끊임없이 질문을 던진다는 점이다. 2009년 개봉한 '터미네이터: 미래전쟁의 시작(영문 부제: Salvation)'에서 샘 워딩턴(Sam Worthington)은 두뇌와 심장은 인간이면서 몸은 기계인 마커스 라이트를 연기하였다. 영화에서 마커스는

변화의 실행력

지속적으로 정체성 혼란을 겪는다. 그러다가 영화의 종반부에 이르러서는 자신이 인간임을 확인한다. 스스로 자기 인생을 선택할 수 있는 의지와 다른 사람을 위해 희생할 수 있는 마음이 그것이다. 영화는 그의 마지막 독백으로 마무리가 된다.

"무엇이 우리를 인간이게 하는가? 그것은 프로그램할 수 있는 어떤 것이 아니다. 컴퓨터 칩 안에 삽입할 수도 없다. 인간 마음의 강인함, 이것이 우리와 기계의 차이다."

어쩌면 4차 산업혁명은 기계에 대한 위기로 두려워해야 하는 시대 아니라 오히려 우리가 그 동안 잊었던 인간성을 회복할 기회로 두근거려야 하는 시대가 아닐까 싶다. 산업과 경제의 발전이라는 메커니즘에 갇혀 기계처럼 살아왔던 인간의 삶에서, 이제는 기계가 할 일은 기계에 맡기고 인간이 가져야 하는 것들에 더 집중해야 하지 않을까. 1차 산업혁명 당시 산업의 발전은 그 당시 당연시하던 '노예'를 해방하는 결과를 가져왔다. 4차 산업혁명 시대의 발전은 누구를 어떤 굴레에서 해방하는 결과를 가져올 수 있을까. 이 책에서 밝힌 퍼실리테이턴트십은 리더십이나 팔로워십과 같이 정해진 방침을 누군가 따르면 되는 단순한 매뉴얼이 아니다. 그동안 당연시하던 사회체제의 기계적 메커니즘 속에 잃어버렸던 개인, '인간'을 찾는 것이다. 개인과 조직을 연결하고, 내부의 특수적 가치와 외부의 보편적 가치의 타협점을 찾는 것이다. 가장 중요한 것은 이러한 균형점을 찾는 중심이 어떤 원리나 원칙이 아니라 '사람 본연'이라는 점이다. 따라서 퍼실리테이터턴트의 경험과 지식, 스킬에 따라 여러 가지 퍼실리테이턴트십이 존재할 수 있다.

'#Me_Too 운동'과 진정한 4차 산업'혁명'

이 책을 집필하고 있는 2018년 현재, 전 세계는 '#Me_Too' 운동으로 떠들썩하다. 특히, 한국 사회는 각계각층의 사회 인사들에 대한 성추행 및 성폭행 폭로와 제보로 연일 충격에 휩싸여 있다. 여기서 눈여겨봐야 하는 것은 가해자였던 이들이 당시에는 '원래 그런' 문화 안에서 살면서 별다른 죄책감을 못 느끼고 혹은 그래도 된다고 여겨 범행을 반복했다는 사실이다. '사회생활을 잘 하려면 원래 술을 잘 마셔야' 하고, '고객에게는 원래 접대해야' 하고, '원래 편법을 해야' 돈을 벌 수 있고, '돈을 주는 사람의 갑질(?)은 원래 당연한 것'이고, '국정원의 돈은 원래 상납받아야' 하는… 우리 사회가 발전하면서 그동안 모른 척 해왔던 암묵적 관행들이 해묵은 사회 병폐로 그 모습을 드러내고 있는 것이다. 우리가 인식해야 할 것은 이미 '원래 그런' 사회에서 그 관습적 질서에 따라 성공한 사람들은 사회 병폐를 개선하고 변화시키기 어렵다는 사실이다. 이미 자신도 그 병폐에 노출되어 버렸기 때문이다. 오히려 그들이 만들어 놓은 잘못된 관습에 불편함을 느끼던 이들, '원래 그렇지 않은' 것 같다고 생각해 왔던 다수가 용기를 내어 한 걸음씩 변화를 이루어 내고 있다. 이들의 용기는 그저 자신에게 수치심을 주었던 그 한 사람을 향한 것만이 아니다. 그런 사건들이 우리 사회에서 벌어지는 사실을 알고 있으면서도 '그럴 수 있는 일'로 여겨왔던 많은 사람들에 대한 일침이다. 결국 이들 모두 퍼실리테이턴트로서 아래로부터의 변화, 즉 '혁명'을 이끌어내며 새로운 사회로의 전환을 이루어내고 있다. 어쩌면 이것이 4차 산업혁명 시대에 서서 우리 안에 '원래 내재해 있던 인간으로의 회복'일지도 모른다. 책의 초반에서 이야기했듯이 모든 성공한 혁명은 억눌려 있던 어떤 사회계층의 해방을 가져왔다. 이런 의미에서 보면 사회는 아직 진보하고 있다. 진정한 4차 산업혁명의 핵심 또한 이러한 관점에서 생각해 볼 일이다. '사람'이 더 '사람'다워지도록.

1   4차 산업혁명이라는 용어가 누구에 의해서 최초로 언급되었는지는 정확하지 않으나, 스위스 세계경제포럼의 창립자이자 회장인 클라우스 슈밥의 책 The Fourth Industrial Revolution으로부터 이슈화되고 활발한 논의가 전개되었다는 점은 견해가 일치하고 있다.

2   미국의 미래 학자이자 제3의 물결The Third Wave의 저자. 그는 제3의 물결을 농업기술, 제조기술의 발전을 잇는 과학기술의 발전으로 인한 사회의 변화로 언급하였다.

3   Oxford Dictionary. https://en.oxforddictionaries.com/definition/revolution, 5th Oct. 2017.

4   에릭 홉스봄, 1998, p.107. 그는 프랑스혁명과 산업혁명을 쌍둥이 혁명이라고 이야기한다.

5   넛지는 '팔꿈치로 슬쩍 찌르다' '주의를 환기시키다'라는 뜻을 지니고 있다. 탈러와 선스타인은 이를 '타인의 선택을 유도하는 부드러운 개입'이라는 뜻을 추가해 경제학적 용어로 사용하였다. 저자는 이미 넛지라는 용어에 통합적이라는 의미가 내포되어 있다고 판단하지만 독자들에게 4차 산업혁명의 산발적 변화와 더불어 넛지라는 용어를 강조하기 위해 '통합적 넛지'라는 용어를 만들어 사용하였다.

6   리처드 탈러, 캐스 선스타인, 2009.

7   에릭 홉스봄, 1998, p.106.

8   유발 하라리, 2015, p.266. 그는 서로 다른 두 종교는 동의할 수 없지만 돈에 대한 믿음에는 동의할 수 있다며, 인간이 창조한 신뢰 시스템 중 거의 모든 문화적 간극을 메울 수 있는 시스템이라고 말한다.

9   윌리암 무가야, 2017, p.48. 그는 블록체인 역량을 기술+비즈니스+법이라고 말한다.

10   윌리암 무가야, 2017, p.55.

11   조 오웬, 2010. 조 오웬은 '초우량기업'들의 탁월함에 이르는 공식이 현실과 거리가 멀다는 것을 입증하면서, 문제의 핵심은 일방향적 '순응의 문화'에서 쌍방향적 '헌신의 문화'로 바꿔야 하는 것에 있다고 역설하였다. 그 역시 경영학에서 아래로부터의 혁명이 필요함을 주장한 학자 중 하나이다.

12   클라우스 슈밥, 2016. p.52, 재인용.

13   클라우스 슈밥, 2016. pp.27-28. 클라우스 슈밥은 공학을 전공한 학자이기도 하지만, 지난 45년간 경제학자로서 세계경제 발전에 헌신한 인물이다. 그가 촉발시킨 '제4차 산업혁명' 논의는 단순한 기술 혁신 차원을 넘어서 사회, 경제, 문화를 통틀어 새로운 전환기를 준비해야 한다는 것에서 시작된다.

14   HRD(Human Resource Development, 기업에서는 직원 교육 분야)에서는 주로 강의나 세미나를 운영하는 강사나 운영자 등을 의미한다.

15   머니투데이, 'LG전자 맥킨지 이름만 들어도 치를 떤다, 왜?', 2013. 4. 18.

16   닐슨통계, 2009.

17   Edgar H. Schein, 1999, pp.7-23. 에드가 샤인은 국내에서 조직문화 분야의 저명한 학자로 알려져 왔다. 그러나 그가 조직 컨설팅의 대가이며, '프로세스 컨설테이션 모델'을 처음으로 주창한 인물이라는 사실은 국내에 잘 알려져 있지 않다.

18   김덕곤, 2005, '한국한의학과 인도전통의학의 비교연구', "대한한의학회지", 26(2), p.202.

19   John P. Kotter, 1995, 'Leading Change: Why Transformation Efforts Fail', Harvard Business Review, March–April, pp.59-67. 그는 변화관리의 프로세스상 등장하는 8가지 실패의 요소를 분석하면서 자신만의 8단계 이론을 완성하였다.

20   존 코터, 2006. 존 코터는 어린 시절 읽은 한 편의 우화가 사람의 인생을 바꾸기도 한다는 데 착안하여 어른들의 변화관리를 위한 펭귄 우화를 출간하였다.

21   데이브 울리치, 2003, p.94.

22   로버트 케건, 리사 라스코우 라헤이, 2010, p.63.

23   영국의 헨리 경영대학에서 실험한 이론으로 평균 이상의 지능을 가진 팀을 만들어 평균적인 지능을 가진 팀과 경쟁을 시켰는데 뛰어난 성과를 이루지 못한 결과를 지적하여 개인의 지적 능력의 합이 반드시 뛰어난 팀을 이루지는 않는다는 것을 뜻하는 용어

24   이미 자포스처럼 관리자를 없애고, 전 직원이 자발적으로 사고하고 책임지는 '홀라크라시Holacracy'와 같은 혁신적인 조직구조를 실험하는 회사들도 있다.

25   제이크 냅, 존 제라츠키, 브레이든 코위츠, 2016.

26   제이크 냅, 존 제라츠키, 브레이든 코위츠, 2016. p.244, 재인용. '5명만 인터뷰해도 85%의 문제는 확인할 수 있으며, 테스트로 발견할 수 있는 정보량은 5명 이후로 점차 줄어든다'는 연구결과로 1993년 제이콥 닐슨Jacob Nielsen과 토마스 랜다우어Tomas Landauer가 발표하였다.

27   알렉산더 오스터왈더, 예스 피그누어, 2011.

28   2015년 12월 HR 인사이트와 월간 인사관리에 우수사례로 소개된 바 있다.

29   장 자크 루소, 2002, p.5.

30   Lean Startup은 미국 실리콘벨리의 벤처창업가 에릭 라이즈Eric Ries에 의해 개발된 스타트업 방법론으로 제품을 빠르게 시제품화하여 시장 반응을 체크해 보완하고 완성해 가는 개념으로 자본이 적고 빠른 사업화가 필요한 스타트업들에게 적합한 모델로 소개되었다.

31   2017년 11월 『The Top Reasons Startups Fail』이라는 제목으로 포브스지에 발표되었다.

참 고 문 헌

게리 해멀 지음, 이동현 옮김 (2001), 『꿀벌과 게릴라』, 세종서적.

다카스키 히사타가 지음, 현창혁 옮김 (2009), 『맥킨지 문제해결의 이론』, 일빛.

데브라 마이어슨 지음, 안기순 옮김 (2010), '조직변화와 조용한 혁명가들', 『기업문화와 조직변화』, 21세기북스, 17-42.

데이브 울리히 외 지음, 이영민 옮김 (2014), 『넥스트 에이치알』, 경향BP.

데이브 얼리치 지음, 김용구 외 옮김 (2003), 『Human Resource Champions』, 미래경영 개발연구원.

로버트 케건, 리사 라스코우 라헤이 지음, 안기순 옮김 (2010), '직원이 변하지 않으려는 진짜 이유', 『기업문화와 조직변화』, 21세기북스, 61-83.

리차드 탈러, 캐스 선스타인 지음, 안진환 옮김 (2009), 『똑똑한 선택을 이끄는 힘 넛지』, 리더스북.

메러디스 벨빈 지음, 김태훈 옮김 (2012), 『팀이란 무엇인가』, 라이프맵.

서명호 (2013), '흐르지 않는 물은 썩기 마련, '변화관리' 선택이 아닌 필수', HR Insight 5월, 통권 제696호, 83-87.

서명호 (2013), '다양한 스타일의 인재구성으로 팀 시너지 극대화', HR Insight 6월, 통권 제697호, 80-85.

서명호 (2013), '전사적으로 실행하고 모니터링하라', HR Insight 6월, 통권 제697호, 86-89.

서명호 (2014), '팀, 강점, 공유 기반 자율적 변화관리 프로젝트', HR Insight 12월, 통권 제715호, 84-87.

서명호 (2014), 'Bottom-up 방식의 자율적 변화관리', 월간 인사관리 12월, 통권 제304호, 80-85.

알렉산더 오스터왈더, 예스 피그누어 지음, 유효상 옮김 (2011), 『비즈니스 모델의 탄생』, 타임북스.

앤절라 더크워스 지음, 김미정 옮김 (2016), 그릿(Grit) IQ, 재능, 환경을 뛰어넘는 열정적 끈기의 힘, 비즈니스북스.

에릭 홉스봄 지음, 정도영, 차명수 옮김 (1998), 『혁명의 시대』, 한길사.

윌리암 무가야 지음, 박지훈, 류희원 옮김 (2017), 『비즈니스 블록체인』, 한빛미디어.

유발 하라리 지음, 조현욱 옮김 (2015), 『사피엔스』, 김영사.

장 자크 루소 지음, 이환 옮김 (1999), 『사회계약론』, 서울대학교출판부.

제레미 리프킨 지음, 이창희 옮김(1996), 『엔트로피』, 세종연구원.

제이크 냅, 존 제라츠키, 브레이든 코위츠 지음, 박정우 옮김 (2016), 『스프린트』, 김영사.

조 오웬 지음, 김정수 옮김 (2010), 『현대 경영의 죽음』, 비즈니스맵.

존 코터, 홀거래스버거 지음, 유영만 옮김 (2006), 『빙산이 녹고 있다고?』, 김영사.

존 코터 지음, 유영만, 류현 옮김 (2009), 『존 코터의 위기감을 높여라』, 김영사.

클라우스 슈밥 지음, 송경진 옮김 (2016), 『클라우스 슈밥의 제4차 산업혁명』, 새로운현재.

클라우스 슈밥 지음, 김민주, 이엽 옮김 (2017), 『클라우스 슈밥의 제4차 산업혁명 더 넥스트』, 새로운현재.

토마 피케티 지음, 장경덕 외 옮김, 이강국 감수 (2014), 『21세기 자본』, 글항아리.

피터 드러커 지음, 남상진 옮김 (2004), 『한권으로 읽는 드러커 100년의 철학』, 청림출판.

피터 셍게 지음, 유정식 감수, 강혜정 옮김 (2014), 『학습하는 조직』, 에이지21.

호리 기미토시 지음, 현창혁 옮김 (2005), 『문제해결을 위한 퍼실리테이션의 기술』, 일빛.

Albert, M. (2005) 'Managing Change: Creating a Learning Organization Focused on Quality', Problem and Perspectives in Management, 1:2005, 47-54.

Beerel, A. (2009) Leadership and Change Management, London: SAGE.

Burnes, B. (2009) Managing change: a strategic approach to organisational dynamics 5th ed., Harlow: Pearson Education.

Denison, D. R., Adkins, B. and Guidroz, A. M. (2011) 'Managing Cultural Integration in Cross-border Mergers and Acquisitions,' Advances in Global Leadership, Volume 6, 95-115.

Deal, T. E. and Kennedy, A. A. (2000) Corporate Culture: The Rites and Rituals of Corporate Life (Rev. ed.), US: Perseus Books.

Gilley, J. W., Eggland, S. A. and Gilley, A. M. (2002) Principles of Human Resource Development 2nded., US: Perseus Books.

Hamel, G. (2007) The Future of Management, US: Harvard Business School Press.

Hamel, G. (2012) What Matters Now, US: Jossey-Bass.

Kanter, R. M., Stein, B. A. and Jick, T. D. (Eds.) (1992) The Challenge of Organizational Change: How Companies Experience It and Leaders Guide It, New York: The Free Press.

Kotter, J. P. and Heskett, J. L. (1992) Corporate Culture and Performance, New York: The Free Press.

Kotter. J. P. (1996) Leading Change, US: Harvard Business School Press.

Kubr, M. (2002) Management Consulting: A guide to the profession 4thed., Switzerland: International Labour Organization.

McAfee, A. (2009) Enterprise 2.0: New collaborative tools for your organization's toughest challenges, Boston: Harvard Business Press.

Montgomery, C. (2012) The Strategist: Be the leader your business needs, London: Collins.

Nadler, D. A. (1998) Champions of Change: How CEOs and Their Companies Are Mastering the Skills of Radical Change, US: Jossey-Bass.

O'Mahony, J. and Markham, C. (2013) Management Consultancy, Oxford: Oxford University Press.

Paton, R. A. and McCalman, J. (2008) Change Management: A Guide to Effective Implementation 3rded., London: SAGE.

Pedler, M., Burgoyne, J. and Boydell, T. (1991) The Learning Company: A Strategy for Sustainable Deelopment, UK: McGraw-Hill Book.

Pendlebury, J., Grouard, B. and Meston, F. (1995) Translated by Laredo, J. [et al.] (1998) The Ten Keys to Successful Change Management, UK: John Wiley & Sons.

Quinn, R. E. and Rohrbaugh, J. (1981) 'A Competing Values Approach to Organizational Effectiveness', Public Productivity Review, 5 (2), 122-140.

Schein, E. H. (1988) Process Consultation Volume I: Its Role in Organization Development, US: Addison-Wesley.

Schein, E. H. (2004) Organizational Culture and Leadership, 3rdEdition, US: Jossey-Bass.

Senge, P. M. (1999) The Fifth Discipline, London: Random House.

Smith, A. C. T. and Graetz, F. M. (2011) Philosophies of organizational change, UK: Cheltenham.

Todenem, R. (2005) 'Organisational Change Management: A Critical Review', Journal of Change Management, 5 (4), 369-380.

Tsuei, J. J. (1978) 'Eastern and Western Approaches to Medicine', The Western Journal of Medicine, 128, 551-557.

Young, I. (2008) Mental Models: Aligning Design Strategy with Human Behaviour, US: Rosenfeld Media.

변화의 실행력